Peter Hahne · Schluss mit lustig!

Peter Hahne

Schluss mit lustig!

Das Ende der Spaßgesellschaft

johannis

Bibliografische Information Der Deutschen Bibliothek
Die Deutsche Bibliothek verzeichnet diese Publikation in der
Deutschen Nationalbibliografie; detaillierte bibliografische Daten
sind im Internet über http://dnb.ddb.de abrufbar.

ISBN 3-501-05180-8
Bestell-Nr. 05 180
31. Auflage 2005
© 2004 by Verlag der St.-Johannis-Druckerei, Lahr/Schwarzwald
Umschlagbild: F. Haubner
Umschlaggestaltung: Friedbert Baumann
Gesamtherstellung: St.-Johannis-Druckerei, Lahr/Schwarzwald
Printed in Germany 15996/2005

www.johannis-verlag.de

Vorwort

Bereits die Ankündigung dieses Buches brachte eine wahre Flut von Vorbestellungen. Das enorme Interesse an dem brandaktuellen wie zeitlosen Thema und an den Gedanken eines der prominentesten Hauptstadtjournalisten ist für uns Beweis genug: Es war richtig und wichtig, unseren Autor Peter Hahne davon zu überzeugen, seinen viel beachteten Vortrag zum Druck freizugeben.

Vor einem breiten Publikum in Kirche und Politik, bei Banken und Wirtschaftsverbänden hat Hahne über »Das Ende der Spaßgesellschaft« gesprochen. Mit riesiger Resonanz. Als jemand, der frei und anhand weniger Stichworte und Zitate referiert, hat er das Thema immer wieder variiert und aktualisiert. Systematisiert hat der TV-Moderator sein gesamtes Material noch einmal für dieses Buch, ohne dabei seinen Stil der freien Rede aufzuheben.

Wir danken Peter Hahne und wünschen diesem Buch eine breite Öffentlichkeit und eine weite Verbreitung.

Verlag Johannis   Lahr, im August 2004

Inhalt

Vorwort	5
Absichten und Ansichten	9
Nichts ist, wie es war	9
Die neue Tagesordnung	12
Die Welt danach	13
Unser New York heißt Erfurt	16
Spiel ohne Grenzen	18
Die Pisa-Katastrophe	20
Hildesheim ist überall	25
Wieder Maß nehmen	28
Comeback der Werte	32
Die Blütenträume der 68er	35
Freizeit, Gleichgültigkeit, Liederlichkeit	38
Kinder als Kostenrisiko	41
Der Krieg der Generationen	43
Abschied vom Jugendkult	48
Haltlos ohne Wurzeln	52
Zukunft ist Herkunft	54
Europa ist kein Kontinent	56
Steinreich und bettelarm	60
Feige Kompromissgesellschaft	62
Zwischen Kreuz und Kopftuch	66
Von Toleranz und To*ll*eranz	70
Die letzten Fußkranken der Völkerwanderung	73
Schnee von gestern	74
Ohne Glaube, ohne Hoffnung, ohne Liebe	77

Sinnfrage statt Spaßfrage	82
Holt Gott zurück!	84
Golgatha ist keine Zahnpasta	89
Alte Werte, neu entdeckt	90
Vorbild statt Vorschrift	93
Gelbe Engel statt Gottes Bodenpersonal	95
Die Sprache sagt's	98
Dienst ohne Leistung	101
Zuschauer- und Stimmungsdemokratie	104
Lieber »Lindenstraße« als Nachbarschaft	105
Zwischen Rinderwahn und Schweinepest	109
Weltmeister im Wehklagen	112
Angstmacher am Ende	115
Informieren wir uns zu Tode?	119
Nachrichten zum Nach-Richten	120
Leben mit dem Power-Buch	123
Spannender als Harry Potter	125
Bestimmung durch Besinnung	128
Lebenslüge Spaßgesellschaft	130
Scheitern verboten	133
Scheinwelt ohne Leiden	137
Von der Ich-AG zur GmbH	140

Absichten und Ansichten

Welche Wirkung er sich von seinen Theaterstücken erhoffe, wurde der amerikanische Dramatiker Edward Albee (»Wer hat Angst vor Virginia Woolfe?«) einmal gefragt. Die Antwort schockiert in ihrem Sarkasmus: »Ich möchte die Zuschauer derart packen und betroffen machen, dass sie nach der Aufführung vor das nächstbeste Auto taumeln.«

Diese Absicht habe ich nicht. Abgesehen davon, dass dies Buch kein Drama und meine Vorträge kein Theater sein sollen. Ich möchte Sie durch meine Gedanken, durch meine Ansichten und durch meine Sicht der Dinge einfach anregen. Und hoffentlich auch ein wenig aufregen. Denn nur, wer durch Nachdenken zum Neudenken kommt, kann auch umdenken. Oder anderen helfen, das zu tun.

Es geht mir um provokante Gedankenanstöße und nicht um ein akademisches Oberseminar, das auf den harmoniesüchtigen Samtpfoten des Zeitgeistes daherkommt. Keine trockene wissenschaftliche Abhandlung, sondern ein (Auf-)Ruf in die Verantwortung.

Nichts ist, wie es war

Zwei Daten sind es, die die Welt zu Beginn des neuen Jahrtausends dramatisch veränderten. Tage, an denen der Terror die Welt in einen kollektiven Schockzustand versetzte. Einmal ist es der 11. September 2001, der Morgen, als sich hintereinander zwei voll besetzte Passagierflugzeuge in die Türme des World-Trade-Centers bohrten. Live und fassungslos verfolgte die Weltöffentlichkeit den Twin-Tower-Terror am Fernsehschirm. In Manhattan schien sich ein Höllenschlund zu öffnen, der New Yorks höchste Hochhäuser und rund 3 000 Menschen in sich hineinriss.

Doch auch Europa erlebte seinen »11. September«, als islamistische Terroristen gnadenlos zuschlugen, ebenfalls an einem Elften. Experten sprachen von der kritischsten Lage für Europa seit dem Zweiten Weltkrieg. Mitten im Berufsverkehr von Madrid explodierten am 11. März 2004 zeitgleich zahlreiche Bomben in voll besetzten Zügen und rissen mehr als 200 Menschen in den Tod.

Selbst besonnene Zeitgenossen gruseln sich ob der Zahlenmystik: Die Anschläge von Madrid fanden exakt 911 Tage nach dem Inferno von New York statt und das war nach amerikanischer Schreibweise am 9/11. Ist der Wahnsinn berechenbar geworden, fragen seriöse Kommentatoren. Ein ganzer Kontinent rückte zusammen und die EU erkannte im Terrorismus den »neuen Feind« und nannte den Kampf gegen Moslem-Extremisten als eine Hauptaufgabe. Als dann noch Bundespräsident Johannes Rau Ende März 2004 seine Afrikareise abbrechen musste, weil konkrete Anschlagspläne bekannt geworden waren, spätestens da war auch uns Deutschen klar: Der Terror rückt näher. Und zu meinen, wir blieben verschont, nur weil Deutschland sich aus dem Irak-Krieg herausgehalten hat, erweist sich als naive Illusion.

Wie ernst die Lage wirklich ist, zeigt eine Begebenheit in Berlin. Der außenpolitische Sprecher der CDU/CSU-Bundestagsfraktion, Friedbert Pflüger, wollte ein Buch mit dem Titel »Ein neuer Weltkrieg. Die islamische Herausforderung« veröffentlichen. Parteifreunde rieten ihm, hinter das Wort Weltkrieg lieber ein vorsichtiges Fragezeichen und keinen definitiven Punkt zu setzen. Als das Buch dann genau am Tage des Madrid-Anschlages erschien, meinte der Außen-Experte der SPD, Hans-Ulrich Klose, zum Autor: »Das Fragezeichen hätten Sie weglassen müssen ...«

Es war vor allem der 11. September in New York und Washington, der mit einem Schlag die Tagesordnung des gesamten Globus verändert hat. Die Welt ist nicht mehr wie zuvor. So die banale Feststellung, die den Schrecken in eine Formel presst. Die Attentate haben unsere Zivilisation auf lange Sicht total verändert. Die Bilder von Schutt und Asche, von Menschen, die wie Vögel durch die Luft in den Tod springen, die weinenden Angehörigen und die verzweifelten Feuerwehrleute – all das will uns nicht aus dem Kopf. Nie mehr. Noch niemals in der Menschheitsgeschichte konnte man eine Katastrophe derartigen Ausmaßes live und in allen Einzelheiten erleben. Schock und Angst lähmten die Welt.

Die neue Tagesordnung

Ich werde es nie vergessen: An jenem Dienstag stand im Plenarsaal des Reichstages die Debatte über den Bundeshaushalt auf der Tagesordnung. Traditionsgemäß die Generalabrechnung der Opposition mit der Regierung. Doch wen interessierte das noch, als kurz nach neun Uhr die Schreckensmeldungen aus den USA kamen. Sechs Wochen später wurde die unterbrochene Debatte ohne nennenswertes Engagement wieder aufgenommen. Und auf den Titelseiten der Tagespresse standen am Terrortag Schlagzeilen wie »Scharping: Minister auf Abruf« oder »Das Scharping-Debakel«. Doch der erwartete Rücktritt oder Rausschmiss aus dem Kabinett war am Tag darauf keine Zeile mehr wert.

Die Tagesordnung hatte plötzlich ganz andere Themen. Fragen, die politische Träumer längst für erledigt gehalten hatten. Wie viel Geld brauchen wir für Bundeswehr, Zivilschutz, Geheimdienste? Müssen wir die Armee künftig auch im Innern einsetzen? Wie kann man dem international agierenden Terrorismus den Todesstoß versetzen? Ist der viel beschworene Zusammenprall der Kulturen zu vermeiden?

Wie können wir verhindern, dass sich islamistische Extremisten-Organisationen unter dem Deckmantel der Religionsfreiheit einem Verbot in Deutschland entziehen? Dass Moslem-Terroristen unser Land als Rückzugsraum missbrauchen können? Oder innenpolitische Fragen von brisanter Gratwanderung: Wie viel Freizügigkeit müssen wir aufgeben, um sicher zu sein? Doch wie viel Freizügigkeit dürfen wir aufgeben, um nicht zu einem Polizeistaat zu werden?

Die Welt danach

Wie banal wirkten da doch unsere vermeintlich so wichtigen Themen zuvor. Und wie banal und gewöhnlich erschien uns das Grauen, das in den Tagen nach New York auf unseren Bildschirm kam. In normalen Zeiten hätten diese Nachrichten große emotionale Kraft in den aktuellen Schlagzeilen entfaltet: Mehr als 100 Tote beim Unglück auf dem Mailänder Flughafen, 14 Opfer bei einem Amoklauf im Parlament der Schweizer Kantonsstadt Zug, das dramatische Flammeninferno im Gotthard-Tunnel ... An tragischen Nachrichten bestand kein Mangel. Doch, gemessen an der Attacke jenes 11. September, verblasste alles.

Unsere kleine deutsche Wohlfühl-Welt ist ernster geworden. Fast schon symbolisch schaltet der Musiksender VIVA sein Programm für Tage völlig ab. Die Koordinaten müssen sich neu ausrichten. Die Verweigerung der Wirklichkeit, durch die Spaßgesellschaft auf die Spitze getrieben, hat ein Ende. Die Themen, über die geredet wird, sind plötzlich existenzieller Natur. Die schrille Spaßgesellschaft ist Schock und Trauer gewichen. Einer der alten journalistischen Haudegen, der Islamexperte Peter Scholl-Latour, brachte es auf den Punkt: »Das ist das Ende der verdammten Spaßgesellschaft. Die Vorstellung, dass die Welt gut und alle Menschen lieb sind, die ist endlich wieder zurechtgerückt worden.«

Die »Zeit der Vergeltung nach der Vergeltung« hat uns das noch einmal bestätigt. Wir erlebten den Weltkrieg der Bilder. Erst die grauenhaften Foltervideos mit den misshandelten irakischen Kriegsgefangenen, dann der Gegenschlag durch die Enthauptung des amerikanischen Aufbauhelfers Nick Berg Mitte Mai 2004 vor laufenden Kameras. Es dauerte 62 Sekunden, bis Bergs Kopf vom Rumpf abgetrennt war. Dann hielt ihn der Mörder stolz in die Kamera: »Allahu akbar«, riefen die Komplizen, »Allah ist größer.«

Vorbei die Zeit der Allmachtsfantasien vom Weltfrieden der Vernunft. Das ist das Ende der heiteren Beliebigkeit. Die Schalmeien der Multikulti-Folklore sind verstummt. Falsch verstandene Toleranz und das »multikulturelle Verstehensgetue« (»ZEIT«) haben sich als trügerisch erwiesen. Endlich beginnt wieder eine echte Streitkultur, in der um die Ansprüche von Weltanschauungen und Religionen gerungen wird, in der es um Wahrheit, Klarheit und die Frage nach unserer Identität geht. Wie wird der bedrohliche Moslem-Extremismus auf lange Sicht unsere Zivilisation verändern? Das fast vergessene Bewusstsein der eigenen Angreifbarkeit erschreckt. Es gibt eben doch eine Realität, die durch spaßige Fernseh-Virtualität nicht ersetzt werden kann. Die Menschen sind im wahrsten Wortsinn ver-unsichert und suchen hilflos nach einer Ver-Sicherung.

Doch welche Werte sind es, die uns versichern? Welche Werte wollen wir verteidigen? Als die Bundeswehr zum Anti-Terror-Einsatz nach Afghanistan ging, wurde danach gefragt. Den meisten Bürgern war klar, wogegen wir sind und kämpfen: Fundamentalismus, Islamismus, Terrorismus, Fanatismus. Aber fragen wir einmal, wofür wir eigentlich eintreten und welche Werte es lohnen, verteidigt zu werden ... Da ist Schweigen im Walde. Wir wissen, wogegen, nicht, wofür wir sind.

Im Zusammenhang mit dem Widerstand gegen Hitler gibt es einen tiefgründigen Gedanken von Reinhold Schneider. Zusammen mit Bergengruen gehörte er zu den wichtigsten katholischen Literaten im Widerstand gegen den Nationalsozialismus.

Ihm ging es um die Frage, inwieweit es gerechtfertigt ist, dass Regimekritiker wie Stauffenberg und Tresckow dennoch Positionen in der Nazi-Maschinerie ausfüllten, obwohl und weil sie wussten, dass Diktaturen immer schuldig machen.

Schneiders Worte sind von eigentümlicher Aktualität: »Gehen Sie mitten hinein! Retten werden Sie nichts, denn der Herr rettet, nicht die Menschen. Werden Sie zum Zeugen mitten im Feuer! Aber Sie müssen wissen, wofür Sie einstehen sollen.« Nach dem Terror von New York und Madrid, nach dem Aufflammen des Islamismus im Nahen Osten und der fundamentalistischen Hetzpropaganda im Westen ist es entscheidend, die Grundwerte einer freien Gesellschaft zu kennen, sie zu leben und für sie einzustehen.

Unser New York heißt Erfurt

Auch wir Deutschen haben ein Datum, das schockiert und einen Punkt markiert, von dem an alles anders werden sollte. Doch bereits Monate danach ermittelt das Allensbacher Institut in einer Umfrage, dass das dramatische Ereignis, das uns doch zum Nachdenken und zu neuem Handeln bringen sollte, den Leuten gar nicht mehr präsent ist. Ein fataler Tribut an die Stimmungsdemokratie mit ihren rasant wechselnden Erregungsthemen.

Am 26. April 2002 ging der 18-jährige Robert Steinhäuser schwer bewaffnet in sein ehemaliges Gymnasium und erschoss dort so lange wahllos Lehrer und Schüler, bis er zu einem Studienrat sagte: »Für heute ist genug, Herr Heise.« Dann brachte er sich selbst um. Die traurige Bilanz: 16 Tote.

Die Suche nach den Gründen erwies sich als schwierig. Denn die vorschnellen und einfachen Erklärungen verfingen diesmal nicht. Die Schule war ein Elitegymnasium, der Junge ein Sohn aus dem Bürgertum. Es könnte also auch bei uns so passiert sein! Robert Steinhäuser war kein Rechtsradikaler, kein Satanist, kein Drogensüchtiger. Seine Eltern waren weder asozial noch arbeitslos, noch Trinker. Nein, sie haben sich »nur« selbst verwirklicht, haben ihren Sohn »in die Welt der Computerspiele verloren« (SPIEGEL-TV, 27.4.2003). Die Quittungen der gekauften Waffen, die der Jugendliche penibel gesammelt hatte, erschienen den »Spiegel«-Kollegen wie »Abschiedsbriefe aus einer scheinbar heilen Welt«.

Am zweiten Jahrestag des Amoklaufs, 2004, warnte der Direktor des Kriminologischen Forschungsinstituts Niedersachsen, Christian Pfeiffer, im ZDF vor einer »Medienverwahrlosung unserer Kinder«. Zu früh und unbeaufsichtigt hätten sie Zugang zu Fernsehen, Internet und Videospielen. Pfeiffer appellierte an die Eltern, stärker ihre Erziehungsaufgabe wahrzunehmen und nicht bereits ihren jungen Kindern »alle Gerätschaften ins Zimmer zu stellen und zu hoffen, dass schon alles gut geht«. Wenn inzwischen bei jedem vierten Sechsjährigen ein eigener Fernseher im Zimmer stehe, habe der Jugendschutz kaum mehr Bedeutung – die Eltern selbst würden die Richtlinien ja unterlaufen.

Es lohnt sich, einmal den Vorhang der Bürgerlichkeit vor jener »heilen Welt« von Erfurt wegzuziehen. Sich einfach zu trauen, unbequeme Antworten auf die Fragen zu suchen: Wie konnte es so weit kommen? Wo waren Eltern, Lehrer und Mitschüler? Warum sahen sie tatenlos den jungen Mann in eine Sackgasse laufen, wieso sahen alle zu, wie sich Robert zunehmend isolierte? Er kam in der Schule nicht mehr mit, konnte kein Abitur machen, stand schließlich ohne Abschluss da. Allein gelassen mit Internet, Video, Computer, TV.

Spiel ohne Grenzen

Robert ist das Opfer einer Zeit, in der es wichtig erscheint, sich überhaupt nicht anstrengen zu müssen, sich jedoch auf jeden Fall selbst verwirklichen zu können. »Deutschland sucht den Superstar« – ohne Mühe zu Karriere und Geld kommen. Fernsehspaß ohne Anstrengung im zappenden Unterhaltungssalon Wohnzimmer. Was bedarf es da noch

Freude an Leistung und Arbeit, wenn man das täglich vorgesetzt bekommt. Fernsehbilder von der Lehrausbildung eines Kfz-Mechanikers wären einfach nicht sexy.

Und die Eltern? Roman Herzog sagte in seinem letzten großen Interview als Bundespräsident auf die Frage, was das Schlimmste an unserer gegenwärtigen Gesellschaft sei: »Der Verlust der Werte.« Rückfrage: »Und wo liegen die Ursachen?« Herzog: »Immer mehr Eltern geben ihren Erziehungsauftrag an die Schule ab.« An die Ausbilder, die Meister ... Die sollen richten, was wir zu Hause nicht schaffen (wollen).

Der junge Leipziger Kinderpsychiater und Autor Jakob Hein schreibt im Blick auf die »politisch unkorrekte Suche nach der Ursache für das Massaker von Erfurt« unter der bezeichnenden Überschrift »Erziehung? Zu anstrengend« ernüchternde Sätze: »Kinder kommen nicht mehr einfach zur Welt, sie werden an der richtigen Stelle in den großen Selbstverwirklichungsplan eingebaut, häufig sogar als krönender Abschluss nach Traumberuf, -auto und -haus. Und es gibt bereits vor der Zeugung klare Vorstellungen über ihre Schullaufbahn und das erste Nettogehalt ... Aber wie in jeder Planwirtschaft funktioniert nichts davon.«

Was Kindern und Jugendlichen sträflich »erspart« wurde, sind Anstrengung, Grenzen, die Auseinandersetzung mit Werten und Normen. Stattdessen geht Erziehung nach der Melodie: »Tue das, was ich dir sage. Tue jedoch nicht, was ich tue.« Am Beispiel der Lehrer wird das für jeden augenfällig. Was sollen denn unsere armen Kinder davon halten, wenn sie am Frühstückstisch unsere Tiraden über diese »faulen Säcke« (Gerhard Schröder) hören, anschließend aber mit den Worten in die Schule geschickt werden: »Pass auf, benimm dich anständig, lern was ..!« Beides unter einen Hut zu bekommen, das wäre geradezu schizophren. So bleibt es eben bei dem pädagogischen Grundsatz: Jede Elterngeneration hat die Kinder, die sie verdient.

Die Pisa-Katastrophe

Als die Pisa-Bildungsstudie auf den Markt kam und die erschreckende Lage Deutschlands im Weltvergleich durch himmelschreiende Zahlen belegt wurde, da gab es wenige Stunden später quer durch die Parteien die alles bessernde Patentlösung: der Ruf nach Ganztagsschulen. Von der Verantwortung der Familie und des Elternhauses war nichts zu hören ...

Immer die alte Leier: Lehrer als Prügelknaben. 70 Prozent der Deutschen wollen, dass die Lehrer unsere Kinder wieder zu mehr Leistung, Disziplin und Ehrgeiz erziehen. Aber wo verbringt denn der Nachwuchs die meiste Zeit? Zu Hause! 90 Prozent aller Erziehung findet immer noch in der Familie statt. Oder sollte man nicht besser sagen: Vor der Glotze, am Computer ...

Der Hauptgeschäftsführer der Hamburger Handwerkskammer, Jürgen Hogeforster, schreibt (»WELT«, 12.11.2003) im Blick auf die totale Lernunfähigkeit von mindestens einem Viertel der Lehrlinge: »Viele Jugendliche haben in ihrer Sozialisation nur negative Erfahrungen gesammelt, Selbstvertrauen und Lernmotivation verloren. In zerrütteten Familien findet systematische Entwicklung immer weniger statt. Die Defizite des Elternhauses können in der Schule nicht ausgeglichen werden. Gleichzeitig ist irgendwann vor 25 Jahren das deutsche Schulsystem stehen geblieben und im internationalen Vergleich vom Niveau her abgesackt.« Den Lehrern müsse ihre erzieherische Aufgabe und größere Eigenverantwortung zurückgegeben werden.

Die Pisa-Katastrophe lässt sich mit einem schlichten Rezept bekämpfen, fast ohne Risiko und Nebenwirkungen: Die Autorität der Lehrer und Ausbilder muss wieder hergestellt werden. Und die müssen sich auch wieder als Autoritäten erweisen. Zwei Seiten einer Medaille.

Der Trendforscher Matthias Horx spürt eine neue Autoritätssehnsucht bei Kindern und Jugendlichen: »Viele Gewalt- und Verwahrlosungsprobleme hängen längst nicht mehr mit autoritären, schlagenden, sondern mit schwachen, abwesenden, weichen, konturlosen Vätern und Müttern zusammen, die nicht mehr in der Lage sind, Normen und Gesetze zu setzen, Orientierung zu bieten.«

Wie es um die Allgemeinbildung bestellt ist, macht die Lehrstellen-Diskussion auf paradoxe Weise schlaglichtartig deutlich. Auf der einen Seite wird geklagt, es gebe zu wenig Ausbildungsplätze. Andererseits können gerade Unternehmen mit beliebten Lehrstellen diese nicht besetzen. Von 2000 Bewerbern für 60 Plätze bei der Berliner Volksbank waren im April 2004 nur 40 für die Bankenlehre geeignet. Als Hauptursachen nennt die Industrie- und Handelskammer Berlin Defizite bei der Erziehung, bei der Allgemeinbildung, ja sogar bei den Grundrechenarten, bei Lesen und Schreiben. »Den jungen Leuten fehlen die sozialen Kompetenzen wie Pünktlichkeit und Sauberkeit.« Mit T-Shirt und Turnschuhen kann man kaum hinter einen Bankschalter. Mangelnde Bildung lässt allein in Berlin jede zehnte Lehrstelle unbesetzt. Alles Probleme, die nicht vom Himmel gefallen sind. Probleme, die also lösbar sind.

Der Schmuckunternehmer Hanspeter Wellendorff beklagte Ende 2003 in der FAZ, die meisten Lehrlinge könnten nicht einmal richtig Deutsch. In einem Leserbrief (8.10.2003) berichtete der Chef einer mittelständischen Hightechfirma von seinen Erfahrungen, die denen der Berliner Volksbank gleichen: »Totaler Blackout beim Versuch eines Gesprächs über Themen der Allgemeinbildung oder des aktuellen Tagesgeschehens ... Schulterzucken auf die Frage nach Berufs- und Lebenszielen.«

Hier liegt die Tragik unserer Spaßgesellschaft, wie sie unsere jungen Leute, die ja unsere Kinder sind, mit voller Wucht trifft: Nicht mehr Deutsch können heißt ja auch, keine kulturellen Wurzeln haben. Und daraus resultiert das Schockierendste: keine Lebensziele haben.

Unvergessen ist mir ein Erlebnis im Japanischen Teegarten im Golden-Gate-Park von San Francisco. Ich bekam zufällig die Unterhaltung eines jungen amerikanischen Pärchens mit. Er war gerade von einem Deutschland-Trip zurückgekehrt und sagte erstaunt: »Die Deutschen haben ihre Kultur verloren.« Auf ihre Nachfrage berichtete er von Begegnungen mit jungen Leuten, denen er im Laufe des Gesprächs die Frage gestellt habe: »What is the meaning of your life?« – Was ist der Sinn deines Lebens? Alle, wirklich alle wären an diesem Thema völlig desinteressiert und gleichgültig gewesen. Er konnte es gar nicht fassen, dass im Land der Dichter und Denker und der Reformation niemand über seine Lebensziele reden wollte oder besser: konnte. Wir versündigen uns an der nachfolgenden Generation, wenn wir ihr keine Ziele mehr vorleben.

In seinem 1939 in kritischer Zeit veröffentlichten Roman »Der veruntreute Himmel« schreibt Franz

Werfel: »Wenn ich als junger Mann durch die Straßen der Städte ging, da war mir's, als müsste ich all diese dahinhastenden Leute mit ihren stumpfen Gesichtern festhalten und ihnen zuschreien: So bleibt doch stehen und denkt einmal nach und kostet es aus, dieses ungeheure Woher – Wohin – Warum! Ich habe schon sehr früh erkannt, dass der Aufstand gegen Gott die Ursache unseres ganzen Elends ist.«

Oder wollen unsere Kinder einfach nicht mehr so sein wie ihre Eltern mit ihren falschen Lebenszielen und -entwürfen?! Bei einem Kongress von Gerontologen schälte sich ein ungeplantes Hauptthema heraus. Die Wissenschaftler, die sich mit dem Alter beschäftigen, die Soziologen, Psychologen, Mediziner und Biologen, waren plötzlich mit der statistischen Tatsache konfrontiert, dass die Selbstmordrate unter Senioren dramatisch zunimmt. Die kontrovers diskutierten Ursachen ließen sich schließlich auf folgende Formel bringen: Es bedeutet für jemanden, der sein ganzes Leben immer nur unter dem Gesichtspunkt bewertet und gelebt hat, dass es von Jahr zu Jahr besser und schöner wird, von Beförderung zu Beförderung, von Tarifabschluss zu Tarifabschluss – für solche Menschen bedeutet es eine psychische Katastrophe, wenn sie merken, dass die Kurve sich zu neigen beginnt.

Dieser Katastrophe nicht gegenzusteuern gehört auch zur Pisa-Katastrophe! In meinem früheren Gymnasium stand noch der lateinische Spruch:

»Non scholae, sed vitae discimus« – wir lernen fürs Leben, nicht für die Schule. Wir brauchen Lehrer, aber auch entsprechende Klassenverbände, die eine solche Lebensschule ermöglichen und auch bewusst wollen. Endlich weg von einer verlogenen Kuschel- und Betroffenheitspädagogik, mit der man unsere Kinder lange genug drangsaliert hat. In der Shell-Jugendstudie wird ein 16-Jähriger zitiert: »Natürlich braucht man Spaß im Leben. Aber ohne Sinn macht es weder Spaß noch Sinn.«

Hildesheim ist überall

Kaum war der Schock von Erfurt halbwegs aus den Schlagzeilen, kam der nächste Hammer im Februar 2004: Siebzehn Wochen lang misshandelten Jungen in Hildesheim einen Klassenkameraden im Werkraum ihrer Schule, ohne dass jemand eingriff. Prügel, Tritte, sexuelle Erniedrigung. Das Martyrium ihres Opfers nahmen die Jugendlichen auf Video auf und stellten es ins Internet. Und wie eine Lawine kamen plötzlich von überall Meldungen ähnlichen Inhalts. Kinder, die geradezu bewaffnet in die Schule kommen, gewaltbereit und voller Aggressionen. Lehrer, die nicht einzuschreiten wagen, weil sie sonst selbst zu Opfern werden.

»Es hätte überall passieren können, die Probleme sind überall gleich«, wird ein Lehrer aus Hildesheim zitiert. Der Fall sei eher ein zufällig bekannt gewordener Alltag. Viele kommen nicht mehr freiwillig zur Schule, sprechen kaum Deutsch. Nicht selten sind bei 20 Schülern elf Länder vertreten. Für zwei der vier Hildesheimer Täter mussten beim Verhör Dolmetscher eingesetzt werden.

Die »Süddeutsche Zeitung« erinnert daran, dass Gewalt an Schulen jedoch nicht nur ein Problem sozialer Randgruppen ist: »Schüler von Gymnasien berichten ebenso häufig über Misshandlungen wie Kinder aus Hauptschulen. Auch die Auswirkungen von Gewalt in der Familie auf Gewalt unter Jugendlichen ist nicht nur ein Schichtenproblem. Und die Zahl allein erziehender Mütter, die ihren Söhnen keinen Widerpart bieten können, steigt auch in der Mittelschicht.«

Das schlechte Image der Hauptschule entwickelt sich allerdings immer mehr zum gesellschaftlichen Problem. Es müsste dringend aufpoliert werden, indem man endlich aufhört, das Abitur zur alleinigen Voraussetzung für bald jeden Beruf zu machen. Der Besuch des Gymnasiums ist für viele Eltern eine Prestigeangelegenheit, auf Hauptschüler wird abschätzig heruntergesehen. Wer sich so missachtet fühlt, macht eben auf andere Weise auf sich aufmerksam. In einer sauerländischen Kleinstadt endete eine Abschlussfeier in einer Orgie von Alkohol- und Gewaltexzessen, die nur durch ein Großaufgebot der Polizei beendet werden konnten. »Solch einen Alkoholkonsum bis zur Besinnungslosigkeit haben wir bisher noch nie erlebt«, wird der Einsatzleiter zitiert.

Es sind allerdings nicht die Schulen, die saufende und prügelnde Jugendliche produzieren. Sie erziehen sie nur ein paar Stunden am Tag. Es sind die Eltern, die in einer seltsam resignativen Mischung aus Passivität und Pessimismus ihren Kindern zu wenig Zuwendung und Ansporn bieten und keine Regeltreue vermitteln. Zu wenige Eltern ermöglichen ihren Kindern andere Profilierungen als durch prügelnde, paffende, kiffende und saufende Angeberei. Statt Erfolgserlebnissen schlägt unseren Kindern Gleichgültigkeit entgegen.

Die Statistik spricht Bände: Deutschlands Jugendliche sind Europameister im Rauchen und Trinken, so die vergleichende Studie der Weltgesundheitsorganisation WHO (Juni 2004). Rund 27 Prozent der 15-Jährigen rauchen täglich, 18 Prozent konsumieren regelmäßig Haschisch oder Marihuana. »Seit hochgezüchtetes Power-Kraut geraucht wird, steigt die Zahl von Schwerstabhängigen mit lebenslangen Psychoschäden«, schreibt der »Spiegel« (Juni 2004) in seiner Titelgeschichte »Die Seuche Cannabis« über den deutschen Drogenplatz Nr. 1, die Schulen. Drogen haben den Pausenhof längst erobert. Wer nicht mitmacht, gilt als uncool. Nicht viel anders sieht es beim Alkohol aus: 46 Prozent der 15-Jährigen trinken mindestens einmal in der Woche, ihren ersten Rausch haben sie mit 14 Jahren. Diese Labilität mündet in Brutalität.

Als Thomas Gottschalks Ehefrau Thea in einem BamS-Interview über ihr Heimweh nach Deutschland befragt wird, sagt sie: »Nach dem aktuellen ›Spiegel‹-Titel scheint ja in deutschen Schulen mehr gekifft als gelernt zu werden. Da ist hier in Kalifornien die Kontrolle einfach größer für unsere Söhne.«

Die Kriminalstatistik 2004 beklagt eine erschreckende Zunahme von Gewaltkriminalität. Die Täter werden immer brutaler und immer jünger. Der klassische Schülerstreich, der körperlich niemandem weh tat, ist längst durch nackte Gewalt ersetzt worden.

Wieder Maß nehmen

Nach der Vorlage des dramatischen Drogenberichtes der Bundesregierung kommentierte der liberale »Weser Kurier« (Bremen) und es klingt wie eine Zeitansage: »Die Spaßgesellschaft entlässt ihre Kinder: Früher tat es ein Mallorca-Urlaub, heutzutage muss es schon eine Abenteuertour in den letzten Erdwinkel sein. Einst sorgte die Achterbahn für Nervenkitzel, mittlerweile langweilt sogar Bungee-Springen. Und wenn früher ein Fass Freibier zur Feier lockte, so ist nun die Mega-Super-Party das Maß aller Dinge.« Schließlich resümiert der Kommentator: »Die rastlose Suche nach dem Kick ist keineswegs nur das Merkmal der jungen Generation. Insgesamt steuert unsere Gesellschaft immer mehr auf etwas zu, was als Indiz einer Sucht angesehen wird: Maßlosigkeit.«

Die Gesellschaft wird maßlos genannt, weil sie das Maß los ist. Wir haben Werte und Normen, Orientierungsmarken und Maßstäbe verloren. Das Maß wieder finden heißt ja nichts anderes als: zurück zu den Quellen, zu den Wurzeln. »Jetzt ist die Gelegenheit, den Kern der Kultur wieder freizulegen ... weil viele vom Lachen genug haben« (»ZEIT«).

In der Sonderausgabe des »Spiegel« zum ersten Jahrestag des 11. September 2001 schrieb ein Schüler: »Im zertrümmerten World-Trade-Center mussten erst Tausende Menschen sterben, um der Spaßgesellschaft begreiflich zu machen, dass sie Werte als Zwang empfand, ohne die ein dauerhaft glückliches Leben unvorstellbar ist.«

Der Entertainer Thomas Gottschalk sagt es auf seine Weise: »Die Werte sind völlig verrutscht. Die Eltern atmen heute schon durch, wenn ihre Kinder zu Hause vor dem Computer sitzen und keinem Kult verfallen.« Wenn er mit seinen beiden Jungen vom Wohnort Malibu in Kalifornien zu Besuch nach Deutschland kommt, so wundert sich sein 18-jähriger Sohn Roman, dass Jugendliche in seinem Alter hier in Sachen Alkohol und Rauchen etwas dürfen, was ihnen in Amerika verboten ist. Und sein 14-jähriger Tristan nennt Deutschland schlichtweg einen »riesigen Pornoladen«.

Bereits vor 100 Jahren prophezeite der Soziologe Max Weber eine Gesellschaft, die nur noch ein »seines religiös-ethischen Sinnes entkleidetes Erwerbsstreben« kennt: »Fachmenschen ohne Geist, Genussmenschen ohne Herz: Dies Nichts bildet sich ein, eine nie vorher erreichte Stufe des Menschentums erstiegen zu haben.«

Was wir heute brauchen, sind Menschen, die über einen Wertevorrat verfügen. Denn ohne ein Mindestmaß gemeinsamer Werte ist kein gesellschaftlicher Konsens mehr möglich. Kein Wunder, dass die Elite, auch die journalistische das Werte-Thema ganz oben auf die Tagesordnung setzt. Die beiden großen deutschen Meinungsmagazine titeln unisono: Sehnsucht nach Werten! »Focus« fordert unter der Schlagzeile »Die ratlose Gesellschaft« die Rückkehr der Tugenden. Und im »Spiegel« prangt auf dem Titel das Bild einer Biedermeier-Familie mit der Zeile: »Die neuen Werte: Ordnung, Höflichkeit, Disziplin, Familie«. Die seitenlangen Artikel lassen auch nur die kleinste Spur von Ironie und Häme vermissen. Wie sich die Zeiten doch ändern ...

Knigge hat Konjunktur. Anstand und Benimm sind wieder gefragt. Die »Welt« schreibt, dass mit den beiden Zäsuren, die sich hinter den Chiffren

9/11 (Terror New York) und 11/9 (Fall der Mauer) verbergen, die letzten Kapriolen der Spaßgesellschaft geschlagen sind. Mit dem »Ende des ironischen Zeitalters« beginnt die »Rückkehr des Pathetischen und Ästhetischen«. Das Buch »Manieren« des äthiopischen Prinzen Asfa-Wossen Asserate, eines in Frankfurt am Main lebenden frommen evangelikalen Christen, Unternehmensberater und Nachfahre des legendären Königs David, stürmt die Bestsellerlisten. Bei einer Umfrage der Zeitschrift »Eltern« zum Thema »Was ist Kultur?« meint ein 12-jähriger Realschüler: »In unserer Familie herrscht total Kultur. Wir beten vor dem Essen. Jeder hat seine Serviette. Es wird beim Essen nicht ferngesehen, wie das Unkultivierte tun.«

Klagen über den Werteverfall, früher eine Domäne der Konservativen, kommen inzwischen aus dem gesamten politischen und weltanschaulichen Spektrum. Wie aktuell die Wertefrage ist, beweist schon die Tatsache, dass Parteien sie offen im Wahlkampf plakatieren. Wer im Kampf gegen den Werteverlust Wahlen zu gewinnen glaubt, muss ja wohl im Trend liegen.

So plädierte Kanzlergattin Doris Schröder-Köpf kurz vor der Wiederwahl ihres Mannes in Interviews mit »BILD« und »Bildwoche« für eine »Rückkehr zu den traditionellen Werten bei der Kindererziehung«. Auf Nachfrage hat sie auch gleich eine ganze Liste erstrebenswerter Erziehungsziele parat:

Pflichtbewusstsein, Fleiß, Aufrichtigkeit, Hilfsbereitschaft, Verlässlichkeit, Anstand, richtiges Benehmen. »Wir müssen unsere Kinder wieder mehr erziehen und ihnen Werte vermitteln«, fordert die frühere Journalistin – immerhin zu rot-grünen Wahlkampfzeiten.

Comeback der Werte

Die Trendforscher haben ein »Comeback der Werte« ausgemacht: Ethik und Moral seien die zentralen Themen des 21. Jahrhunderts. Selbst die Wirtschaft rückt in Zeiten von Globalisierung und Liberalismus vom reinen Effizienzdenken ab und klagt eine ethische Grundorientierung ein.

Was meinen wir, wenn wir von Werten sprechen? Werte, Moral, Ethik und Tugenden hängen zwar miteinander zusammen, sind aber begrifflich zu unterscheiden. Tugenden zum Beispiel wollen die Werte ins alltägliche Handeln »übersetzen«. Moral (lat. moralis: sittlich) ist sozusagen der Oberbegriff. Sie bezeichnet die Gesamtheit der Regeln, die in einer Gesellschaft akzeptiert sind und festlegen, was sittlich geboten ist, was als falsch und richtig, gut und böse gilt.

Ethik (griech. ethos: Sitte, Brauch) dagegen will die moralischen Normen begründen, aus der Philosophie oder der Religion. Die »Wissenschaft vom

Sittlichen« untersucht die menschlichen Handlungen und ergründet die Motive (Gesinnungsethik), die Wirkungen (Erfolgsethik) und die Werte und Normen (Wertethik). Spannend ist die Frage, ob sittliche Normsetzung und deren Wertschätzung angeboren und allen Menschen gemeinsam sind oder ob sie aus der Erfahrung und Erziehung gewonnen werden.

Werte sind die Vorstellungen, die in einer Gesellschaft allgemein oder zumindest von vielen als wünschenswert anerkannt sind. Werte wollen und sollen Orientierung geben. Traditionell unterscheidet man moralische Werte wie Aufrichtigkeit, Gerechtigkeit, Treue. Oder religiöse Werte: Gottesfurcht und Nächstenliebe. Politische Werte: Toleranz, Freiheit, Gleichheit. Materielle Werte: Wohlstand. Werte sind letzlich das Ergebnis von Wertung, d. h. die Bevorzugung einer Handlung vor einer anderen.

Tugenden schließlich sind die Fähigkeit, sich gemäß den einzelnen Werten zu verhalten. Sokrates hat als Erster die Tugenden definiert als Gesinnung, die auf die Verwirklichung moralischer Werte ausgerichtet ist. Damit haben wir den Kreis der Definitionen wieder geschlossen.

Tugenden wollen dem menschlichen Miteinander eine Ordnung geben. Da gibt es christliche Tugenden (Glaube, Liebe, Hoffnung) und moralische (Aufrichtigkeit, Mitleid, Großzügigkeit, Mäßigung). Von Bedeutung sind jedoch auch die so genannten Bürgertugenden wie Mut, Fleiß, Höflichkeit, Anpassungsfähigkeit.

Bücher über Tugenden werden zu Bestsellern. Im Trend liegt, wer nach Werten ruft. Doch was uns fehlt, sind nicht nur die Werte an sich, es sind die gemeinsamen Werte. Wir brauchen keine individualistischen, sondern allgemein verbindliche Normen. Keine Ego-Ethik des Utilitarismus, also des Nützlichkeitsdenkens. Im Pluralismus der Meinungen bleibt heute alles nebeneinander stehen, selbst die widersprüchlichsten ethischen Überzeugungen. Letzte Aussagen und Autoritäten werden nach wie vor relativiert. Der Soziologe Peter L. Berger spricht vom »Relativierungshexenkessel«.

Die Subjektivierung der Ethik führt in die Krise. Wo der Mensch keine Werte-Instanz über sich duldet und sich selbst der höchste Norm-Geber und Richter ist, kann kein lebensnotwendiger Normenkonsens entstehen. Dass dies nicht aus der Luft gegriffen ist und weit reichende Konsequenzen hat, zeigt ein Vorgang an der renommierten Harvard Business School, einer der berühmtesten Wirtschaftsuniversitäten der Welt. Durch eine Schenkung von 20 Millionen Dollar sollte ein Ethik-Lehrstuhl eingerichtet und entsprechende Vorlesungen angeboten werden. Die Professoren stellten jedoch fest, dass man ohne vereinbarte absolute Werte nicht über Ethik reden kann, und schickten das Geld zurück.

Die »Financial Times« kommentierte, dass »die Wurzel des Problems im Verlust des Glaubens an objektive ethische Standards« zu suchen sei.

Dieser Standard, also das Grundprinzip ethischen Handelns, ist einleuchtend, verständlich und jenseits allen philosophischen Wortgeklingels in der goldenen Regel der Bibel (Alles, was ihr wollt, dass euch die Leute tun sollen, das tut ihnen auch!) und in Kants kategorischem Imperativ formuliert: Handle so, wie du willst, dass auch alle anderen handeln sollen – salopp zusammengefasst.

Wer übrigens abfällig von »Sekundärtugenden« spricht, sollte wissen, was er tut. Er entzieht unserer Gesellschaft letztlich Motivation und Motor für ein menschliches, zivilisiertes Zusammenleben. Wer Tugenden verhöhnt, verehrt die Ich-Kultur und verwehrt den Radikalideologen nicht den Weg, die dann als Moralisten und Fundamentalisten in das Tugendvakuum stoßen und dankbare Anhänger finden.

Die Blütenträume der 68er

Dass die klassischen und unsere Gesellschaft tragenden Werte als Sekundärtugenden (mit denen man auch ein KZ leiten könnte, so Oskar Lafontaine über Helmut Schmidt!) verspottet und systematisch der Demontage preisgegeben wurden, hat vielfältige Ursachen. Der Hauptgrund liegt im Kampf der 68er-Revolte gegen jede Form von Tradition, Autorität und Wertebindung. »Der Muff von tausend Jahren – raus aus den Talaren« skandierte der Mob auf der Straße. Ich konnte das in der Hochburg der Kulturrevolution, an der Universität Heidelberg, Anfang der 1970er-Jahre hautnah miterleben. Und bin bis heute erstaunt, in welchen Schlüsselpositionen die damaligen (auch geistigen) Rädelsführer jetzt sitzen. Der »Marsch durch die Institutionen« ist eine beispiellose Erfolgsstory.

Dabei ist die politische Wandlungsfähigkeit à la Wendehals selbst der philosophischen Wegbereiter atemberaubend. Kanzelte Jürgen Habermas seine Kontrahenten Hillgruber, Nolte und Stürmer während des »Historikerstreits« 1986 noch als »revisionistische NATO-Historiker« ab, so stellte er zwölf Jahre später der Bundeswehr und damit der rot-grünen Regierung Schröder-Fischer einen philosophischen Freifahrschein in das umkämpfte Kosovo aus.

Interessant ist, dass ausgerechnet einer der Gründungsväter der neomarxistischen Frankfurter Schule, Max Horkheimer, kurz vor seinem Tod den nihilistischen Grundirrtum der 68er-Bewegung auf den Punkt brachte und zum Entsetzen seiner Schüler erklärte: »Politik ohne Theologie ist absurd. Alles, was mit Moral und Menschlichkeit zusammenhängt, geht auf die biblische Botschaft zurück.

Und die Rebellion der Jugend ist eine unbewusste Verzweiflung, hinter der die ungestillte religiöse Sehnsucht steht.«

Jürgen Habermas jedenfalls scheint das nicht gleichgültig gelassen zu haben. Bei der Verleihung des Friedenspreises des Deutschen Buchhandels 2001, einen Monat nach den Anschlägen von New York, sprach er in seiner Dankesrede über das Verhältnis von Glauben und Wissen. Der liberale Verfassungsstaat sei auf die Sinn-Ressource der Theologie dringend angewiesen und in den christlichen Gemeinden sei »etwas intakt geblieben, was andernorts verloren gegangen ist«. In einer Begegnung mit Kardinal Ratzinger zeigt sich der prominenteste Philosoph der liberalen, säkularen Demokratie fasziniert von der heilenden Prägekraft des Religiösen für eine Gesellschaft, die sich angesichts einer »entgleisenden Modernisierung« vor sich selbst fürchtet.

So sagt die Münchner Trendforscherin Felizitas Romeiß-Stracke den »Abschied von der Spaßgesellschaft« voraus: In den nächsten zehn Jahren werde die egozentrische Selbstverwirklichung als Maß aller Dinge abgelöst durch eine Renaissance existenzieller Wert- und Sinnfragen. Vor allem der christliche Glaube werde wieder »auf fruchtbaren Boden fallen«.* Die Rechnung der 68er ist nicht aufgegan-

---

* Diese Entwicklung beschreibt das auflagenstärkste konfessionelle Wochenmagazin »ideaSpektrum« (Wetzlar) mit seinen Nachrichten aus der christlichen Welt.

gen – nach dem damaligen Juso-Motto à la Gerhard Schröder: »Ich will eine Gesellschaft, die Kirche überflüssig macht.«

Manche Parolen der 68er muten heute allerdings so harmlos-richtig an, wie die einst verpönte Beatles-Musik inzwischen klassisch klingt.

Freizeit, Gleichgültigkeit, Liederlichkeit

Freiheit war eine der großen Forderungen. Oder Selbstbestimmung. Doch die Freiheit pervertierte schnell zur Freizeit. Kein Land der Erde arbeitet so wenig wie wir Deutschen. Wir haben uns daran gewöhnt und uns wohlig im Freizeitpark Deutschland eingerichtet, während es mit der Konjunktur rasend bergab geht. Kein Wunder, dass ein Aufschrei durchs Land geht, wenn man ein, zwei Stunden in der Woche mehr arbeiten soll. »Einigkeit und Recht auf Freizeit«, ironisiert der Kanzler-Imitator Elmar Brand unsere Nationalhymne.

Während wir uns nämlich bereits beim Feierabendbierchen entspannen, legen unsere schärfsten Konkurrenten auf dem Weltmarkt erst so richtig los: Die Amerikaner arbeiten 1805 Stunden, die Japaner 1859, die Koreaner sagenhafte 2447 Stunden im Jahr. Unsere Bilanz: 1446 Stunden in West- und 1467 Stunden in Ostdeutschland, so die amtliche OECD-Studie von September 2003.

Weltmeister sind wir Deutschen bei den Urlaubs- und Feiertagen: im Schnitt 43 Tage. In den USA gibt es nur 23! Auch das Einstiegsalter in die Rente ist bei uns (noch!) illusorisch niedrig: im Durchschnitt 60,3 Jahre. In England geht man mit 62,6, in Japan sogar erst mit 68,5 Jahren in Rente. Bedenkt man, dass Deutschland mit die längsten Ausbildungszeiten der Welt hat, so braucht man sich über den Zerfall der Sozialsysteme nicht zu wundern. Und darüber, dass wir inzwischen Schlusslicht der europäischen Entwicklung sind.

In Sachen Arbeit sind wir zu einer reinen DI-MI-DO-Gesellschaft verkommen, wie Experten vorrechnen. Freitags muss man rechtzeitig nach Hause, um nicht in den ersten Stau zu geraten. Und montags muss man sich erst mal vom Stress des randvoll ausgefüllten Wochenendes erholen. Bereits die ersten Zeitungsausgaben im neuen Jahr laden uns mit hübschen Schaubildern zu herrlichen Feiertagsbrücken ein, an denen man mit wenig Urlaubstagen viel Freizeit herausschinden kann. Ellenlange Staumeldungen für die Blechlawine der neuen Armut füllen an solchen Tagen die Radioprogramme.

Für Unternehmer (soweit sie nicht aus lauter Resignation inzwischen zu Unterlassern geworden sind!) gibt es eigentlich nur ein Rezept, um die Mitarbeiter wieder zu motivieren und den Betrieb wieder flott zu bekommen: Es muss ihnen gelingen, die

Energie, die in die Freizeit verpulvert wird, an den Arbeitsplatz zurückzuholen. Arbeit muss Sinn, darf aber auch Spaß machen.

Ein Problem für unsere Wirtschaft ist auch der Tatbestand, der bezeichnenderweise mit »krankfeiern« beschrieben wird. Auch diese Diagnose tut weh: Deutschland ist Weltmeister und Berlin ist die Hauptstadt der Kranken. Doch Berlin ist auch die Metropole der Simulanten, so die DAK im Mai 2004. Pro Jahr seien dort 60000 Arztbesuche überflüssig. Selbst Fachleute sind überrascht, dass die ganz Jungen zehnmal so oft zum Arzt gehen wie die Bürger über sechzig. Und zwar wegen Bagatellen, deretwegen die Älteren dennoch am Arbeitsplatz bleiben.

Die bürgerliche Freiheit der Selbstbestimmung, auch einer der (gar nicht so falschen) 68er-Träume, ist rasend schnell zur hedonistischen Schwundstufe der Selbstverwirklichung pervertiert. Dabei ist Selbstverwirklichung, wie der große Psychotherapeut Victor E. Frankl meint, nichts anderes als »ein manipulatives Tarnwort für übersteigerten Egoismus«. Ich, ich und noch mal ich! Der Kulturphilosoph Robert Spaemann sieht darin die Vorstufe zur Selbstverherrlichung.

So rückt die Spaßgesellschaft den einzelnen Menschen mit seinen Wünschen und Bedürfnissen in den totalen Mittelpunkt. Bis hin zu der Frage, ab wann ein (ungeborener) Mensch lebenswert und wie lange ein (alter und pflegebedürftiger) Mensch lebensfähig ist, bevor man ihn mit den Segnungen der modernen Medizin »erlöst«.

Was den Spaß bremst, muss weg. Und seien es die einfachsten Regeln des Zusammenlebens. Im Anklang an den Schlachtruf der Französischen Revolution beschreibt der Autor Claus Jakobi unsere Nach-68er-Gesellschaft unter der Überschrift: Freizeit, Gleichgültigkeit, Liederlichkeit.

Kinder als Kostenrisiko

Der ja gerade von den Linken so gefeierte Nelson Mandela sagte einmal: »Wie human eine Gesellschaft ist, das zeigt sich an ihrem Umgang mit Kindern und Alten.« Doch Kinder gelten bei uns inzwischen als unkalkulierbares Kostenrisiko. Sie sind eher Ausgabe als Aufgabe für Eltern und Familie. Die zunehmende Ökonomisierung aller Lebensbereiche macht die Entscheidung für ein Kind und gegen gewisse Annehmlichkeiten des Lebens immer schwerer. Man denke nur an die Wohnungssuche, wo einem sehr schnell klar wird, dass man als Familie mit zwei Kindern geradezu als latent asozial gilt. Die Freizeitgesellschaft hat im wahrsten Wortsinn etwas Tödliches. Wir verlängern krampfhaft unser Leben, verspielen jedoch die Zukunft.

Der »besondere Schutz«, den Artikel sechs unseres Grundgesetzes der Familie garantiert, ist von der Politik nie umgesetzt worden. Im Gegenteil: Er wird heute immer weiter zurückgedrängt unter dem Deckmantel von Toleranz, Moderne und Weltoffenheit. Die Familie ist unter die Räder gekommen. Sie ist die eigentliche Randgruppe unserer Gesellschaft. Es ist gut so, dass Bundespräsident Horst Köhler von seiner ersten Rede an Kinder und Familie in den Mittelpunkt gerückt hat.

Die emanzipatorische Idee, ein Kind sich selbst zu überlassen oder es Fremden anzuvertrauen, um sich beruflich entfalten zu können, gilt nicht als unmoralisch, sondern vielmehr als fortschrittlich. Dabei bestätigt einem jeder Kinderpsychologe, dass Erziehung kein Nebenjob nach Feierabend ist. Kleine Kinder brauchen wenigstens einen konstanten familiären Ansprechpartner für ihre Fragen, und zwar rund um die Uhr.

Dass wir im Bereich der Familie eine überraschende Trendwende erleben, zeigt ein Artikel im linksorientierten (inzwischen eingestellten) Zeitgeistmagazin »tempo«, dem nichts hinzuzufügen ist: »Man hat uns gesagt, die Familie sei schlecht. Man hat uns gesagt, die Familie zerstöre die Persönlichkeit. Man hat uns belogen. Die Familie ist immer noch die beste aller möglichen Lebensformen. Sie allein vermittelt Liebe, Glück und Geborgenheit ... Die alternativen Lebensformen sind gescheitert.

Deshalb: Macht Kinder! Gründet Familien! Es spricht nichts dagegen und viel dafür ... Frauen sollten wieder zu Hause bleiben. Kinder haben ist spannender als 98 Prozent aller Jobs. Wetten, dass?«

Nur: In welche Welt wachsen diese Kinder? Wie weit es um die Kinderfreundlichkeit bei uns bestellt ist, verdeutlicht ein Erlebnis, das mir die niedersächsische Sozialministerin Ursula von der Leyen erzählte. Bei einer USA-Reise betrat sie mit ihren sieben Kindern einen Supermarkt und wurde vom Geschäftsführer staunend und strahlend begrüßt: »You are blessed!« (Du bist gesegnet.) Wenige Monate später sei sie mit ihren Kindern in einen deutschen Supermarkt gegangen und mit den Worten empfangen worden: »Dass die mir bloß nichts anfassen!«

Dabei werden wir uns alle noch nach Kindern sehnen, wenn uns erst mal bewusst geworden ist, welch hohen Preis die zunehmende Vergreisung unserer Gesellschaft hat.

Der Krieg der Generationen

In Deutschland tickt eine demographische Zeitbombe. Bis zum Jahr 2050 verdoppelt sich der Anteil der Alten an unserer Gesamtgesellschaft. Immer weniger junge Leute werden für immer mehr ältere arbeiten und die Rentenbeiträge erwirtschaften müssen. Deutschland wird im Jahre 2050 rund 12 Millionen Menschen verloren haben. Das sind mehr als die Gefallenen aller Länder im Ersten Weltkrieg. »Im Tierreich wäre man damit zum Aussterben verurteilt«, schreibt FAZ-Herausgeber Frank Schirrmacher. Die Verteilungskämpfe der Zukunft würden um Renten und Altenheimplätze ausgetragen. Der nächste Krieg ist der Krieg der Generationen.

Die ökonomischen Folgen sind katastrophal. Die demographische Entwicklung macht zum Beispiel den Markt Deutschland immer uninteressanter. Sind wir mit den USA derzeit höchstens noch wirtschaftlich auf Augenhöhe, so fragen die Amerikaner bereits: Wie lange noch? Und die deutschen Hersteller von Kindernahrung polen ihre Produktion jetzt schon auf Diätkost für Senioren um. Die Gegenläufigkeit von Demographie und Ökonomie wird zum größten Weltproblem.

Rund 14,2 Millionen Einpersonenhaushalte ermittelt das Statistische Bundesamt bei uns. Mehr Frauen als Männer, mehr Akademiker als Arbeiter. Jahr für Jahr wächst die Zahl derer, die durch Trennung, Scheidung, Todesfall oder freien Entschluss allein durchs Leben gehen. Der grassierende Individualismus der Single-Kultur und die pathologische Bindungsunfähigkeit haben verheerende demographische Folgen.

Bezeichnend, wie die Spaßgesellschaft eine

Single-Subkultur herausbildet: Das Internet als Kontakthof, Events wie »Blind date dinners« und »Flirt brunchs« versprechen familienähnliche Geborgenheit mit dem Flair von Unverbindlichkeit. »Die heute 30-jährigen Singles werden als 80-jährige sehr einsam sein. Wer Kinder und Enkel hat, bei dem klingelt wenigstens mal das Telefon« (Birg). Wir haben heute kaum Vorstellungen, geschweige denn Erfahrungen, wie es in einigen Jahrzehnten sein wird, wenn diese Single-Gesellschaft alt und pflegebedürftig ist. Dann ist nämlich Schluss mit lustig. »Etwas ist schief gegangen: Moderne Familienformen sind meist nicht geplant, sondern Folge gescheiterter Beziehungen« (»FOCUS« 40/02).

Der »Papst« der Bevölkerungswissenschaft, der Bielefelder Professor Herwig Birg, fordert eine Kulturrevolution, um dem drohenden Generationenkrieg zu begegnen. Wir brauchten Eliten, die wieder vorbildhaft Kinder in die Welt setzen, statt sich aus der Familie zu verabschieden. Mehr als 40 Prozent der Akademikerinnen haben jetzt schon keine Kinder. Im Osten Deutschlands verzichten 12 Prozent, im Westen sogar 30 Prozent der Paare auf Kinder. Zahlen, die alarmieren und irritieren. Doch Irritation ist die beste Voraussetzung für Lernprozesse. Allerdings, so Birg, bedarf es 75 Jahre, um zu korrigieren, was eine Generation versäumt hat. »Gegenwärtig fahren wir mit hoher Geschwindigkeit auf eine Wand zu, die wir nicht rechtzeitig weggeräumt haben« (Kurt Biedenkopf).

Ein wesentlicher und schamvoll verschwiegener Grund für den Bevölkerungsrückgang ist die hohe Zahl der Abtreibungen. 182 kommen auf 1000 Geburten, so das Statistische Bundesamt für 2003. Ganz abgesehen von ethischen Argumenten ist es nahezu absurd, dass der Staat durch die Finanzierung der Abtreibungen (über 90 Prozent) die negative Bevölkerungsentwicklung und den damit drohenden Kollaps der Sozialsysteme selbst aktiv unterstützt! Seit Einführung der Fristenregelung im Jahr 1974 sind mehr als acht Millionen ungeborene Kinder getötet worden. Jahr für Jahr eine Großstadt. Jährlich die doppelte Einwohnerzahl von Potsdam. Ein Armutszeugnis für unser reiches Land. »Während wir unsere Kinder zu Zigtausenden töten, dämmert unsere Gesellschaft langsam ihrer Vergreisung entgegen« (Kardinal Meisner). Angesichts der modernen Medizintechnik fragt man sich: Wollen wir ernsthaft noch mehr alte Leute, die nicht sterben dürfen, zum Preis von Kindern, die nicht leben dürfen?

Doch die Spaßgesellschaft duldete keinen ernsthaften Disput über das Störthema Abtreibung. Der jüdische Kommentator der US-Zeitung »National Review«, Mark Steyn, schrieb im Mai 2004 nach dem feministischen »March for Women's Lives« in Washington: »In Wirklichkeit ist die Abtreibung längst zu einem Sakrament der neuen Religion des Ichs erkoren worden. Wenn jemand aufgestanden wäre und hätte von den Gewissensqualen einer 15-Jährigen gesprochen, die nach einer Party geschwängert worden ist, dann wäre er ausgebuht worden. Von Qualen will man in der Spaßgesellschaft nichts hören ... Bevor dieses Jahrhundert zu Ende ist, wird die Linke die Ineinssetzung von Feminismus und Abtreibung noch bitter bereuen.« Als ein Karlsruher Kirchenfunktionär in einer als »Morgenandacht« verkauften SWR-Sendung einmal die Fristenlösung als übereinstimmend mit dem Willen Gottes bezeichnete, unterbrach der Sender in derselben Sekunde die Ansprache mit einer aktuellen »Warnung vor einem Geisterfahrer«!

Was die Bevölkerungsentwicklung bei uns angeht, so ist die Studie »Deutschland 2020« des Berlin-Institutes interessant. Die Experten befürchten eine Verödung des Ostens durch noch mehr Abwanderung, sehen als Boom-Zentren vor allem süddeutsche Regionen und ermittelten den niedersächsischen Landkreis Cloppenburg als den Kreis mit der derzeit höchsten Kinderzahl. Mit der Begründung für den Kinderreichtum liefern die Berliner Forscher einen Tabubruch: Dort ist nur eine geringe Zahl der Frauen berufstätig.

Was bedeutet es, wenn sich ausgerechnet ein Großteil der Bildungselite aus dem generativen Prozess verabschiedet? Gerade die Familien streiken, die am meisten Wissen und Kultur weitergeben könnten. Übrigens liegt der Schatten nicht erst auf der Zukunft. Wir müssen uns heute fragen, was denn mit unserer Gegenwart los ist, dass viele nicht weitermachen, nichts weitergeben, keine Zukunft produzieren wollen? Was bedeutet ein Leben unter dem Vorzeichen, nach uns kommt nichts mehr? Es ist wie zu Noahs Zeiten: Nach uns die Sintflut. »Deutschland stirbt aus oder verblödet«, titelt die »Welt am Sonntag«.

Abschied vom Jugendkult

Unserem Arbeitsmarkt steht eine Umwälzung ins Haus, demgegenüber die industrielle Revolution geradezu harmlos war. Denn aus dem Geburtendefizit von heute wird morgen ein Bewerberdefizit. Die Folge: Der Jugendkult der Spaßgesellschaft, dem viele Firmen huldigten, hat bald ausgedient. Nach dem Pleite-Schock der illusorischen »New Economy« sind wir auf dem Weg in die »Grey Economy« der Bellheims. Stellenanzeigen mit dem zynischen Motto, man brauche eine Aufstockung des jungen, dynamischen Teams und niemanden über vierzig, dürften schon bald der Vergangenheit angehören.

Wir werden eine völlig neue Unternehmenskultur finden müssen. Die Firmen werden nämlich mit ihren Mitarbeitern, die sie heute haben, in die Zukunft gehen (müssen!), weil immer weniger Nachwuchs verfügbar ist. Mitarbeiteraustausch via Frühverrentung kann man vergessen. Firma und Belegschaft werden gemeinsam alt. Darauf muss sich das Management einstellen. Ohne die Wertschätzung der Älteren wird es nicht gehen.

Die Jahre des Jugendkults sind bald vorbei. Im Arbeitsleben der Zukunft wird die reife Generation den Ton angeben. Bereits Ende des ersten Jahrzehnts des neuen Jahrtausends sind 58 Prozent der Berufstätigen älter als 50 Jahre. Mitarbeiter mit grauen Schläfen prägen dann den Alltag in den Betrieben. Die Surf- und Fun-Generation der auslaufenden Spaßgesellschaft gerät in die Defensive. Heute liegt der Anteil der unter 40-Jährigen noch bei 52 Prozent, so rasend schnell kommt also der Wandel. Das ist keine Kaffeesatzleserei. Alle Arbeitnehmer der nächsten 15 Jahre sind ja bereits geboren und machen den Trend unumkehrbar.

Die Verschiebung des Rentenalters kommt so sicher wie das Amen in der Kirche, mögen die Gewerkschaften noch so protestieren. Und warum auch nicht? Die 60-Jährigen von heute sind oft fitter und dynamischer als manche 50-Jährigen vor einem halben Jahrhundert. Motivierter und lebenserfahrener als der vom Jugendkult idealisierte Mittzwanziger sind sie auf jeden Fall.

Unser Bild vom Alter wird sich total wandeln

müssen. Die Generation 50 plus darf nicht mehr länger auf ihre Rolle als Kandidat für den Vorruhestand reduziert werden. »Die Älteren werden wieder gebraucht«, so der Management-Denker Peter Drucker. Jene Gesellschaft wird künftig am erfolgreichsten sein, deren »religiöse und kulturelle Überzeugungen das Alter schöpferisch machen können« (Schirrmacher).

Dass über die Hälfte aller Betriebe in ihrem krankhaften Jugendwahn heute keine Mitarbeiter über fünfzig mehr beschäftigen, ist nicht nur ein Skandal, sondern wird künftig nicht mehr durchzuhalten sein. Mobbing gegen Ältere wird aussterben müssen, wenn ein Unternehmen überleben will. »Die Diskriminierung des Alterns und der Alten wird zu einem ökonomischen und geistigen Standortnachteil« (Schirrmacher).

Den Alten ist es auch nicht zuzumuten, dass über die alternde Gesellschaft vor allem als Katastrophe gesprochen wird. Gegen die Benachteiligung durch die heute praktizierte Zwangsverrentung will der Chef der Senioren-Union von CDU/CSU, Otto Wulff, notfalls vor das Bundesverfassungsgericht gehen: »Ich will dem Alter die Würde und die Lebensfreude zurückgeben. Das nimmt auch den Jüngeren die Angst vor dem Alter.« Senioren haben allen Grund, auf ihre Lebensleistung stolz zu sein. Nur wer solchen Stolz empfindet, ist zu weiterem Engagement für unsere Gesellschaft motiviert.

Es wird bald massenhaft Großeltern geben, aber keine Enkel. »Es ist wie bei der Mondlandung. Wir erobern gerade einen neuen Planeten. Wohl dem, der dann noch im Mikrokosmos der eigenen Familie in Ruhe wird altern können« (Schirrmacher). Bereits im Jahr 2040 wird jeder zweite Deutsche über 65 Jahre alt sein. Wer heute geboren wird, hat als Junge eine Lebenserwartung von 98 und als Mädchen von 102 Jahren, so die neue Sterbetafel der Versicherungswirtschaft.

Um unseren jetzigen Altersquotienten halten zu können, brauchten wir nach UNO-Berechnungen jährlich 3,6 Millionen Zuwanderer. Auch um die bloße Einwohnerzahl Deutschlands zu halten, wären (bei einer Quote von derzeit 600 000 Auswanderern plus der geringen Geburtenrate) jährlich eine Million Zuzüge nötig. Damit wird jedem, der nüchtern rechnen kann, klar: Einwanderung kann die auf die Altersversorgung und das Gesundheitssystem zukommenden Probleme vielleicht mildern, aber keinesfalls lösen. Die meiste Einwanderung führt derzeit direkt in die Sozialsysteme.

Deutschland ist schon jetzt das größte Einwanderungsland der Welt. Wir haben die vier- bis fünffache Zahl an Zuzügen wie die klassischen Einwanderungsländer Kanada und Australien. Und wer das Problem durch Zuwanderung lösen will, sollte auch beachten, dass bereits jetzt 60 Prozent der hier geborenen Kinder einen anderen kulturellen Hintergrund haben. In Großstädten wie Berlin oder Frankfurt/Main ist die Relation an vielen Schulen noch dramatischer.

Die Frage nach unserer kulturellen Identität stellt sich immer drängender. Im Blick auf das Vorhaben des rot-roten Berliner Senats, Beamten und Lehrern nicht nur das Tragen von Kopftüchern, sondern auch von Kreuzen zu verbieten, erklärte der ostdeutsche CDU-Bundestagsabgeordnete Günther Nooke: »Nachdem die Linken die Entchristlichung unserer Gesellschaft vorangetrieben haben, geht es nun an die abendländischen Wurzeln.«

Haltlos ohne Wurzeln

Die in Düsseldorf erscheinende »Wirtschaftswoche« schrieb: »Die Menschen in Deutschland waren noch nie reicher als heute. Sie waren aber auch noch nie wurzelloser.« Ein Problem, das inzwischen nämlich auch die Unternehmen eingeholt hat. Visionen, Strategien und Corporate Identity sind als Tipps kostspieliger Berater so lange leere Worthülsen, als sie nicht getragen werden von einem verbindlichen und verbindenden Wertebewusstsein der Belegschaft. Das beginnt mit Pünktlichkeit und Ehrlichkeit und geht bis zum Sozialverhalten.

Wie über-lebens-wichtig Wurzeln sind, zeigt uns die Pflanzenwelt. Je tiefer das Wurzelwerk, desto leichter sind Energiekrisen (wie die des heißen Sommers 2003) zu überstehen. Umso schwerer können einen (Alltags-)Stürme niederlegen, weil fester Halt vorhanden ist. Doch was in diesem Bild meist übersehen wird: Je tiefer die Wurzeln, desto weniger kann man umgetopft werden.

Und genau hier erweist sich unsere Gegenwart als Zeit ohne Wurzeln. Die Leute lassen sich (vor-)schnell überallhin mitnehmen. Jeder gerade aktuellen Modemeinung wird gefolgt. Der Zeitgeist, geprägt von Demoskopie und dem, was gerade »in« ist, gibt den Ton an. Die Halbwertzeit unserer Lebensausrichtung wird immer kürzer. Ohne feste Verwurzelung sind wir dem Wind jeder Tagesparole ausgeliefert. Wer sich dauernd »verpflanzen« lässt, bleibt letztlich ohne festen Standpunkt. Wir leben in einer Umtopfgesellschaft, die die Proklamation fester Werte unter Fundamentalismusverdacht stellt.

Hier ist zum Beispiel der entschlossene Mut entschiedener Christen gefragt. Sie müssen die Konfrontation mit dem Zeitgeist und seiner Kultur aufnehmen und nicht die Phrasen der Trendpropheten nachbeten. Das erfordert einen kompromisslos-radikalen, an der Bibel orientierten Lebensstil. Nur so können Christen zur Erneuerung unserer Gesellschaft beitragen. Wer jedoch seine Identität und seine Widerstandskraft (mangels Wurzelwerk) verloren hat, der steht angepasst und einflusslos am

Rande der Gesellschaft. Eine solche Kirche wäre eine selbst säkularisierte Subkultur, die ein unbeachtetes Nischendasein fristet und nur dann interessant ist, wenn es Spaß macht.

Doch nur Konstantes hat Konjunktur. »Ein Glaubens-Supermarkt mit schnellen Wechseln und unzähligen Kombinationen« (Trendforscher Matthias Horx) wirkt nur auf den ersten Blick attraktiv, nach dem Motto: Bedient euch, auf dass ihr selig werdet. Auch hier sieht man mit dem zweiten besser: Zum Schluss zählt nur das Echte. Kurzzeitreligionen können weder das Wertevakuum nachhaltig füllen noch die nötigen Sicherheiten bieten.

Selbst christlich verbrämte Modeströmungen mit immer kleineren Halbwertzeiten überzeugen den kritischen Zeitgenossen nicht mehr. Die Kirchen muss es herausfordern, dass immer weniger Menschen ihre Lebensfragen an sie stellen. Eindeutigkeit ist gefragt. Christen haben etwas zu sagen, wenn sie Christus das Sagen überlassen. Gebote dürfen im Warenkorb unserer pluralistischen Kaufhaus-Gesellschaft nicht zu Angeboten verkommen. Wenn alles Wahrheit ist, ist nichts mehr Wahrheit.

Zukunft ist Herkunft

Dass wir uns in diesem Buch nicht mit rückwärts gewandter Spießbürgeridylle, sondern mit dem brennendsten Zukunftsthema beschäftigen, beweist der testamentarische Satz des großen Heidelberger Philosophen Hans-Georg Gadamer (1900–2001) zu dessen hundertstem Geburtstag: »Zukunft ist Herkunft. Wenn wir uns unserer Herkunft nicht mehr erinnern, werden wir keine Zukunft haben.« Johannes Rau sagte es als Bundespräsident etwas populärer: »Wenn du nicht weißt, woher du kommst, kannst du auch nicht wissen, wohin du gehst.« Nur wer weiß, wo er herkommt, kann sagen, wo es langgeht.

Der Weg in die Zukunft funktioniert nicht auf einem Weg, dessen Untergrund durch banale Beliebigkeitswerte brüchig und sumpfig geworden ist. Der Politologe Werner Weidenfeld spricht von »tektonischen Verschiebungen«, die sich in den tiefen Dimensionen von Einstellungen, Werten, Mentalitäten und in den Konstellationen von Macht und Kultur niederschlagen. Der boden- und grundlose Pluralismus führt zur fundamentalen Verunsicherung unserer Gesellschaft. Die entscheidende Aufgabe der Moderne sieht Weidenfeld in dem Appell: »Bewahrt die kulturellen Grundlagen!« Zu deutsch: Vergesst eure Herkunft nicht! »Ein Volk ohne inneren Halt wandert seinen Weg durch Nacht und Grauen« (Otto Dibelius).

Die Frage nach unserer Herkunft, nach unseren Wurzeln, nach unserer Identität – all das sind Schlüsselfragen für die Zukunft. Wer sich damit heute beschäftigt, ist nicht reaktionär, sondern progressiv. Es geht um die Überlebensfragen unserer Gesellschaft und nicht um eine Idealisierung und Restaurierung unserer Vergangenheit.

Nur ein Beispiel: Die aktuelle Europapolitik ist haargenau davon gekennzeichnet. Was ist Europa? Was erwarten wir von Europa und wer gehört überhaupt dazu?

Europa ist kein Kontinent

Wir haben Europa inzwischen auf die ersten beiden Silben reduziert. Wenn es um die Erweiterung der EU geht und um die Bedeutung der europäischen Gemeinschaft, dann denken die meisten zuerst an die Wirtschaft, an die gemeinsame Währung, an eine außen- und verteidigungspolitische Größe. Doch Europa ist mehr als der Euro. Mehr auch als ein bloßer Kontinent.

Geographisch ist Europa höchstens die »Nase« Asiens, ein Anhängsel des großen Nachbarkontinents. Kontinente im klassischen Sinne sind Australien oder Afrika. Warum ist die Grenze am Ural und am Bosporus? Warum gehören die Nachbarstaaten jenseits des einst eisernen Vorhangs ganz automatisch dazu? Als am 1. Mai 2004 der Traum in Erfüllung ging und zehn Länder zur EU kamen, die zwei Jahrzehnte vorher noch gegen uns gerüstet hatten, da bewiesen die bewegenden Feiern und ergreifenden Gottesdienste: Wir sind ein und dieselbe Kultur. Die einstige Trennung war nichts als ideologische (atheistische!) Willkür. Wir passen zueinander.

Europa ist eine Idee, eine Wertegemeinschaft, eine kulturelle Einheit. Das Stammtischgerede vom »Christenclub«, für den es heute (im Blick auf den Beitritt der Türkei) keine Existenzberechtigung mehr gibt, weist doch letztlich auf des Pudels Kern. Man kann Geschichte über Bord werfen, aber leugnen kann man sie nicht. Ja, Europa hat als einigendes Band und als tragendes Wertesystem von Anbeginn seine christliche Prägung. »Europa ist unter dem Kreuz zu haben oder gar nicht«, mahnt der große Europäer Otto von Habsburg. Wer weiß schon noch, dass die Europafahne mit ihrem Kranz aus zwölf goldenen Sternen ein bewusst gewähltes Motiv der Bibel ist (Offenbarung 12,1)?

Zu Recht plädiert Bundespräsident Horst Köhler für einen Gottesbezug in der EU-Verfassung: »Wir brauchen eine ethische Grundlage für unser Handeln mitsamt der Verpflichtung, mit Mensch und Schöpfung auf unserem Planeten verantwortungsvoll umzugehen. Das Christentum weist uns einen richtigen Weg.« Sein Vorgänger Johannes Rau meinte in seiner Rede vor dem polnischen Parlament am historischen Vortag der EU-Osterweiterung (1. Mai 2004): »Unsere beiden Völker und

Kulturen sind tief in christlicher Tradition verwurzelt. Keine Idee und keine Macht hat unsere Länder, ihre Geschichte und das Denken der Menschen stärker geprägt ... Der Bezug auf Gott entspricht der christlichen Tradition Europas.«

Als Theodor Heuß, erster Bundespräsident und liberales Urgestein, in den 1950er-Jahren gefragt wurde, was Europa ausmache, sagte er: Europa baut auf drei Hügeln. Der Areopag (das griechische Denken von der Demokratie), das Capitol (das römische Denken vom Staat und seinen Bürgern, von der »res publica«) und, man höre und staune: Golgatha (das christliche Denken von Freiheit, Gerechtigkeit und Menschenwürde).

Kaum eine meiner Kolumnen in Europas auflagenstärkster Sonntagszeitung »Bild am Sonntag« hat in den letzten Jahren ein solch starkes Echo gefunden wie das Plädoyer für einen Gottesbezug in der EU-Verfassung. Hunderte von Lesern quer durch die Bevölkerung dokumentierten, dass diese Frage alles andere als ein kirchliches Spezialthema ist, und stimmten meinen Gedanken zu: »Das Haus Europa muss auf einem soliden Fundament errichtet werden, sonst ist es – um mit der Bibel zu sprechen – auf Sand gebaut. Es ist absurd, Gott und das Christentum mit keiner Silbe zu erwähnen. Wer nur ein bisschen Ahnung von Geschichte hat, muss wissen, dass die verbindenden Werte für das gemeinsame Europa nachhaltig von Bibel und Christentum geprägt sind ... Wenn der Mensch nicht mehr weiß, dass er höchstens der Zweite ist, ist bald der Teufel los.«

Wenn Europa Zukunft haben will, dann muss es sich seiner Herkunft bewusst sein und aus diesen Wurzeln bewusst leben. EU-Kommissionspräsident Jacques Delors forderte einst, man müsse Europa eine Seele geben. »Die Europäer müssen sich erinnern, wofür sie stehen und, wo nötig, kämpfen. Nichts ist dabei wichtiger als die christlichen Grundlagen. Wenn nicht, helfen weder Technik noch Reichtum. Dann ist nach dem Glauben auch die Demokratie in Gefahr«, meint der Historiker Michael Stürmer.

Der aktuelle Streit um den Türkei-Beitritt macht deutlich, dass Europa mehr als nur ein bloßer Kontinent und eben mehr als eine bloße Wirtschafts- und Verteidigungsgemeinschaft ist. Der Türkei mangelt es an demokratischen Traditionen, sie hat Grenzen zu Staaten wie Iran, Irak und Syrien (über 95 Prozent des Territoriums liegen in Kleinasien), ihr fehlt die Verankerung in Werten wie Trennung von Staat und Religion, Gleichberechtigung der Frau, Ächtung des Antisemitismus. Ein Großteil der türkischen Bevölkerung (allein über 60 Prozent Asiaten) dürfte Ansichten vertreten, die in Deutschland seit Kriegsende überwunden und meilenweit von den EU-Standards entfernt sind.

Selbst der Vertrauensanwalt der deutschen Botschaft in Ankara, Mehmet Köksal, fordert »mehr

Ehrlichkeit in der Beitrittsdebatte« und meint im Blick auf die türkische Rechtsnorm: »Der Europäische Gerichtshof müsste sich mit zehntausenden Akten auseinander setzen, die die Unvereinbarkeit zwischen der Türkei und der EU dokumentieren. Noch ist die Türkei nicht reif für einen Beitritt ... Wir haben demokratische Gesetze auf dem Papier, aber die Köpfe sind noch nicht so weit.«

Steinreich und bettelarm

Umso wichtiger die Frage: Was hält Europa zusammen? Welches sind die Werte, für die es sich einzusetzen lohnt? Was geben wir unseren Kindern und Enkeln weiter? Keine Generation hat ihren Kindern mehr an Gut und Geld vererbt als die heutige. Mehr als 15 Millionen deutsche Haushalte werden bis zum Jahr 2010 erben. Etwa zwei Billionen Euro, über ein Fünftel des gesamten Privatvermögens, geht in die Hände der nachfolgenden Generation. So viel wie noch nie. Kein Wunder, dass die rot-grüne Bundesregierung gerade jetzt wieder die Vermögens- und Erbschaftssteuer entdeckt.

Doch die Grundfrage ist: Was vererben wir jenseits der materiellen Werte? Kann es sein, dass ausgerechnet die reichste Generation aller Zeiten in dieser Frage bettelarm ist? »Viele Leute sagen: An etwas muss man doch glauben. Die Frage ist nur, an was. Was bieten wir den Menschen jenseits voller Schaufenster?« (Roman Herzog)

Elisabeth Noelle-Neumann vom Allensbacher Institut antwortete auf die Frage, was für sie persönlich die erschütterndste Tendenz bei ihren jahrzehntelangen demoskopischen Untersuchungen sei: »Dass es immer weniger Eltern wichtig ist, ihren Kindern die Werte weiterzugeben, die für sie wesentlich waren.« Sie wollen ihre Kinder gar nicht mehr beeinflussen (erziehen), »am wenigsten im Glauben, in ihren Überzeugungen, in ihren Werten. Ein Irrweg, traurig für Eltern und Kinder.«

In einem Aufsatzwettbewerb für Abiturienten schrieb ein junger Mann über die heutige Elterngeneration und es klingt wie eine Bankrotterklärung: »Ihr habt uns halbstark gemacht, weil ihr schwach seid. Ihr habt uns keinen Weg gewiesen, der Sinn hat. Weil ihr selber den Weg nicht kennt und versäumt habt, ihn zu suchen.« Welch eine Schreckensbilanz: Kein Vorrat an Werten mehr! Keine Wege, um sie zurückzugewinnen! Im vereinten Europa sieht es für Deutschland düster aus: »Im internationalen Vergleich christlicher Vitalität steht Deutschland negativ da« (dpa). So besuchen die Iren im Jahresdurchschnitt 38 Gottesdienste, Polen 33, Italiener 21, die Deutschen (in den alten Bundesländern!) nur zehn.

Oft wird unsere Oberflächengesellschaft ja mit der Kritik »Wir leben von der Hand in den Mund« belegt. Das ist schon schlimm genug, jedoch immer noch ein Euphemismus, eine wohlklingende Umschreibung unseres viel dramatischeren Zustands. In Wahrheit leben wir inzwischen längst von der Substanz, ähnlich wie die dritte Generation in Thomas Manns »Buddenbrooks«. Wir leisten uns Kreuzfahrten in die Karibik, Windräder im Wendland und das absolute Reinheitsgebot für die Luft – doch die Nobelpreise und die Arbeitsplätze holen die anderen.

Apropos Buddenbrooks: In einer Titelgeschichte über Deutschland räumt das US-Magazin »Time« mit dem Image eines Volkes voller preußischer Tugenden und deutscher Wertarbeit gründlich auf. Stattdessen prophezeit es der Spaßgesellschaft »ein Buddenbrook'sches Ende«: »Kein plötzliches Zusammenkrachen, sondern eine lange Reihe von kleinen Fehlschlägen und Misserfolgen, die nahezu unbemerkt bleiben, während man an gutes Essen, schöne Kleider und den äußeren Schein denkt. Bis alles weg ist ...« Dieses »alles« sind auch jene Werte, ohne die kein Bestand möglich ist.

Feige Kompromissgesellschaft

Kaum jemand würde freiwillig behaupten, er habe

keinen Standpunkt. Das wäre ja dumm. Nein, wir umschreiben unseren jämmerlichen Zustand mit dem schillernden Begriff Toleranz. Dabei ist diese Art von Toleranz oft nichts anderes als ein manipulatives Tarnwort für eigene Standpunktlosigkeit. In Wahrheit führt das, konsequent weitergedacht, zur Intoleranz. Denn wenn ich selber ohne eigene Überzeugung bin, billige ich auch anderen diese nicht zu. Kein Wunder, dass intellektuelle Moslems einen Dialog mit Christen als Zeitverschwendung empfinden, solange sie sehen, wie wenig ernst wir unseren eigenen Glauben nehmen. Unsere feige Kompromissgesellschaft fürchtet die Auseinandersetzung.

Die große Koalition der Ahnungslosen, der Ängstlichen und der Verharmloser hat den geistigen Streit um den Islam so lange verhindert, bis er uns nun mit einer Wucht einholt, die gerade diese Leute vermeiden wollten, an der sie nun aber schuld sind. Bis in den Bereich der Kirchen hinein, wo der Islam pauschal als »Religion der Liebe und des Friedens« etikettiert wurde. Die christlichen Freundschaftsadressen an das Judentum und an Israel wirken wie verlogene Sonntagsreden, wenn man nicht zur Kenntnis nimmt, was zum Beispiel in der Bonner »König-Fahd-Akademie« im Lesebuch für Sechstklässler neben einer Landkarte des Vorderen Orients geschrieben steht: »Das ist deine islamische Gemeinschaft ..., die eine glorreiche Geschichte hat, angefüllt mit Dschihad ... Aber die hasserfüllten Kreuzzüge, die sich auf die Hinterhältigkeit der Juden und auf deren Verrat gestützt haben, haben auf die Zerreißung der islamischen Gemeinschaft hingearbeitet.« Man beachte, dass die Kreuzzüge als Werk der Juden dargestellt werden!

Im Verfassungsschutzbericht 2003 der Bundesregierung ist von 31 000 Personen die Rede, die in islamistische Organisationen »fest eingebunden« sind, deren »Wirkungskreis allerdings wesentlich größer« ist. »Auch Einrichtungen in der Bundesrepublik könnten Ziele von Anschlägen werden, da auch Deutschland in den Augen von Islamisten zum Lager der so genannten Kreuzzügler, zu den Helfern der USA und Israels zählt«, so der Bericht des SPD-Ministers Otto Schily glasklar.

Der renommierte Göttinger Professor für Internationale Beziehungen, der Moslem Bassam Tibi, analysiert: Der globale Dschihad gegen den globalen Unglauben, diese islamische Weltrevolution »ist natürlich eine der Spielarten des Islam«. Einer der Väter des islamischen Fundamentalismus, der 1979 verstorbene Pakistani Al Maududi, nennt es schwarz auf weiß in seiner Schrift »Die islamische Sicht der Politik«: Der Islam schreibe einen Staat vor, der alle Bereiche des Lebens regele. Es gehe um einen »totalitären Staat (daula schmilah), gegenüber dessen Vorschriften keiner das Recht hat Opposition zu leisten. Dieser Staat hat eine gewisse Ähnlichkeit mit der faschistischen und kommunistischen Regierungsform.« Genau dazu bemerkt Bassam Tibi: »Wer das Vorhandensein des neuen Totalitarismus und seine islamisch-dschihadistischen Wurzeln bestreitet, verhindert, dass westliche und islamische Demokraten sich zur Verteidigung der offenen Gesellschaft vereinigen. Im Interesse des islamisch-europäischen Friedens muss mit dem verlogenen Dialog Schluss gemacht werden.« (WamS, 9.5.2004).

Deutlicher kann man die verharmlosende christliche Kuschelgesellschaft kaum anprangern, die den »Glauben« anderer nicht ernst nimmt, weil sie ihren eigenen verloren oder zur Belanglosigkeit pervertiert hat. »Ich fürchte nicht die Stärke des Islam, sondern die Schwäche des Abendlandes. Das Christentum hat teilweise schon abgedankt. Es hat keine verpflichtende Sittenlehre, keine Dogmen mehr« (Peter Scholl-Latour).

Der Historiker und Publizist Sebastian Haffner, lange Zeit einer der führenden Köpfe des »Stern«, meinte in einem Interview auf die Frage, welche Kräfte die Geschichte bestimmen und wie darin das Christentum einzuordnen sei: »Das Christentum war einmal eine große Macht, aber heute ist es bedeutungslos geworden. Man zollt ihm noch Respekt, aber es hat keine gesellschaftsprägende Kraft mehr.« Die Selbstsäkularisierung und Selbstmarginalisierung der christlichen Kultur hat einen erschreckend hohen Preis!

Zwischen Kreuz und Kopftuch

Der Streit um das Kopftuch von muslimischen Staatsbeamtinnen ist symptomatisch. Nur wer das Kreuz Christi inzwischen zum bloßen Schmuckstück pervertiert und dessen fundamentale Bedeutung wegdiskutiert (die knallharte kirchliche Kritik an Mel Gibsons Erfolgsfilm »Die Passion Christi« rund um Ostern 2004 lässt tief blicken!), kann das muslimische Kopftuch als folkloristische Textilie verharmlosen.

Dabei gibt es eine deutliche Trennlinie zwischen der so gern (auch von Bundesverfassungsrichtern) herangezogenen Nonnentracht und dem Kopftuch. Während die christliche Ordenstracht ausschließlich einen persönlich-religiösen Hintergrund hat und Ausdruck einer gläubigen und niemanden verpflichtenden Lebenshaltung ist, ist das Kopftuch Ausdruck einer deutlich staatspolitisch agierenden Religion.

Es ist nicht nur die Koalition hellsichtiger Zeitgenossen von CSU-Minister Günter Beckstein über Bischöfin Margot Käßmann bis zur Feministin Alice Schwarzer, es sind ja auch gerade die aufgeklärten Muslime selbst, die – wie die Publizistin Namo Aziz in der liberalen Wochenzeitung »Die Zeit« unter dem Titel »Weg mit dem Tuch!« – fordern: »Ich würde mein Kind nicht von einer Kopftuchträgerin unterrichten lassen und möchte auch die Moscheen in islamischen Ländern sehen und nicht in Deutschland.«

In aller Schärfe hält Namo Aziz uns den Spiegel vor: »Wer in Deutschland das Kopftuch in Schulen und Universitäten toleriert, der sollte auch die Einführung der von der Scharia vorgesehenen Strafen wie Auspeitschung, Amputation und Steinigungen in Betracht ziehen. Und was die Toleranz gegenüber fremden Religionen betrifft, so gibt es natürlich auch Hindus, die möglicherweise die Asche ihrer Toten gern auf dem Rhein schwimmen lassen würden. Im absurden Deutschland ist alles möglich.«

Möglich ist bei uns ein Ausverkauf der eigenen Kultur, für den es weltweit kein Beispiel gibt. Unter dem Deckmantel der Freiheit von Kunst und Satire werden religiöse Gefühle mit Füßen getreten und christliche Symbole offen verhöhnt. Jesus, das Kreuz, das Abendmahl, geistliche Berufe als Gegenstand des Spottes, die Christen als naive Narren. Während der Karfreitag als einer der höchsten christlichen Feiertage bis vor kurzem nicht nur durch Arbeitsfreiheit geehrt wurde, sondern auch dadurch, dass das öffentliche Leben ruhte, so boten Berliner Szenelokale am Gedenktag der Kreuzigung Jesu Christi den Besuchern jetzt mehr als hundert Partynächte. Einige hatten zynische Titel wie »Hängt ihn höher« oder »Die Kreuzigung«. Man stelle sich nur einmal vor, Vergleichbares wäre an

Yom Kippur in Israel oder an Ramadan in Saudi Arabien passiert ... Kein Wunder, dass Peter Scholl-Latour von Verachtung spricht, die der gläubige Moslem der dekadenten Welt des Abendlandes entgegenbringt.

Die hemmungslose Blasphemie ist ein Sargnagel für unsere Kultur. »Der Verlust von Scham ist das erste Anzeichen von Schwachsinn« (Sigmund Freud). Es kann einfach nicht gut gehen, wenn uns nichts mehr heilig, d. h. unantastbar und unverfügbar ist. Der Dammbruch der letzten Tabus öffnet einer haltlosen, mörderischen Flut den allerletzten geschützten Lebensraum unserer Gesellschaft.

Für den türkischstämmigen TV-Komiker Kaya Yanar (SAT 1-Comedyshow »Was guckst du?«), der sich ganz offen und unverkrampft auch über Ausländer lustig macht, sind nach eigenen Worten »Witze über den Islam tabu«. Nur einmal hatte er es gewagt. »Nach bitterbösen Briefen, dass man heilige Symbole wie das Kopftuch nicht verunglimpft, haben wir dieses heiße Eisen nicht mehr angefasst«, meint er und fügt viel sagend hinzu: »Ich möchte ja noch älter werden als 30 Jahre.«

Aber wir sind ja schon so weit, dass ein harmloses Kreuz, das Symbol von Toleranz, Barmherzigkeit und Menschenliebe, aus Klassenzimmern und Sitzungssälen weggeklagt werden kann. Dabei ist nicht nur im Grundgesetz die »Verantwortung vor Gott und den Menschen« verankert, sondern einige Länderverfassungen verpflichten sich zum Erziehungsideal »in Ehrfurcht vor Gott«. Ein Lehrer, der gegen das Kreuz klagt, ist also ein Fall für Legasthenie oder Pisa, weil er offensichtlich die sein Beamtentum tragende Verfassung nicht lesen kann.

Ganz zu schweigen vom religiösen Zusatz der Eidesformel, der allerdings meist auch schon verschwiegen wird. Dagegen Bundespräsident Horst Köhler in seiner Antrittsrede am 1. Juli 2004: »Meinen Amtseid verstehe ich als Verpflichtung, zur Erneuerung Deutschlands beizutragen. Persönlicher Kompass ist mir dabei mein christliches Menschenbild und das Bewusstsein, dass menschliches Tun am Ende immer vorläufiges Tun ist.«

Als der restaurierte Reichstag beim Regierungsumzug nach Berlin als Sitz des Bundestages eingeweiht wurde, geschah das auf Wunsch des Präsidenten und bekennenden Katholiken Wolfgang Thierse mit einer offiziellen Segenshandlung. Auf den Stufen unter der Inschrift »Dem deutschen Volke« wurden Psalmworte gelesen, das Vaterunser gebetet und unter Posaunenbegleitung der Choral »Großer Gott, wir loben dich« gesungen. Trotz Bitten der Kirchen gab es das beim Bezug des neuen Kanzleramtes dezidiert nicht. Als daraufhin die beiden Mitglieder der bayerischen Landessynode, Dekan Michael Wehrwein und Fritz Schroth, ein handwerklich gefertigtes Holzkreuz schickten, kam es mit der Bemerkung, dafür sei hier kein Platz, wieder zurück …

Von Toleranz und To*ll*eranz

Dass die bewusste Zerstörung unseres Wertefundamentes und das gezielte Kappen kultureller Wurzeln unter dem Deckmantel der Toleranz verkauft wird, spricht in Sachen Bildungsnotstand Bände. So ist die Toleranz für viele ja ein Problem von Pisa geworden, jener Bildungskatastrophen-Studie. Die meisten schreiben das Wort Toleranz mit Doppel-l: Sie finden alles toll. Je nach Stimmungslage ist es mal der Dalai Lama, mal Jesus, mal der Papst, mal Marxismus oder Buddhismus, mal New Age oder die alte Bibel. Man findet toll, was gerade in Mode ist. Doch Werte von Dauer sind Mangelware. Die sind längst ausverkauft. »Wer sich dem Trend ausliefert, dem, was angesagt ist, der ist ein armer Hund. Etwas Borniertes als den Zeitgeist gibt es nicht. Wer nur die Gegenwart kennt, muss verblöden« (Hans Magnus Enzensberger).

Echte Toleranz gründet jedoch auf festen Standpunkten. Toleranz bezieht sich nicht auf Wissens-, sondern auf Gewissensfragen, auf letzte persönliche Überzeugungen. Sie ist verankert in der Würde der Person. In Sachfragen kann man unterschiedlicher Meinung sein, aber das Du des anderen halte ich fest. Deshalb sind Toleranz und Liebe immer zwei Seiten derselben Medaille.

So kann ich um des anderen willen selbst Überzeugungen achten, die ich nicht teile. Ich kann sie erdulden, ertragen (lat. tolerare), ohne meinen eigenen Standpunkt leugnen zu müssen. Und wenn ich's mit meinem Gegenüber gut meine (und das sollten wir ja als tolerante Menschen!), dann werde ich versuchen, sie ihm auszureden. Das nennt man Mission. Der Philosoph Robert Spaemann analysiert mittlerweile eine fatale Gedankenkette in unserer oberflächlichen Gesellschaft: »Die Forderung, andere Überzeugungen zu achten, wird inzwischen zur Forderung, keine eigenen Überzeugungen zu haben. Und wer sie dennoch vertritt, gilt als intolerant.« Er beklagt eine »intolerante Dogmatisierung des Relativismus«. Wer feste Überzeugungen proklamiert, wird als Fundamentalist diffamiert. Das führt sogar zu der intellektuell absurden Situation, dass sich die konservativen Flügel der christlichen Kirchen gefallen lassen müssen, von arglistigen Agitatoren aus den eigenen Reihen mit dem islamistischen Fundamentalismus gleichgesetzt zu werden.

Wenn alles gleich gültig ist, ist auch schnell alles gleichgültig. Das führt zu einer Beliebigkeit, die echten Streit um die Wahrheit und damit die Suche nach tragfähigem Konsens unmöglich macht. Überbordende Toleranz bleibt am Ende ohne Biss. Das ist jedoch nur vordergründig sympathisch, indem es das Gegenteil von Fanatismus verkörpert. »Aber auf Dauer wirkt diese Haltungslosigkeit und ewige Spielerei unentschlossen und feige. ›Get real‹, sagen die Amerikaner zu Leuten, die sich permanent der Wirklichkeit verweigern. Das könnte unser kommendes Ziel sein« (»WELT«).

Die heutige Toleranzinflation geht mit Wahrheitsschwindsucht einher. Für viele ist der Dialog der Religionen selbst schon zur Religion geworden. Doch wer sich seines eigenen Glaubens nicht gewiss ist, der ist vielleicht dialogwillig, aber eben nicht dialogfähig. »Toleranz« wird von theologischen Gutmenschen als oberstes Gebot verkündet, Christusbekenntnis und Mission hingegen als störend empfunden. Man scheut den aufrechten Gang. Wer aber (auf) Gott hören will, sagt Martin Luther, der kann nicht »in sich selbst verkrümmt« sein. Nimmt man dem christlichen Glauben das Bekenntnis zu Christus, von dem allein die Heilsgewissheit ausgeht, dann beraubt man ihn seiner Mitte, seiner Substanz. Christliche Identität und Toleranz, das ist kein Widerspruch.

Die Spaßgesellschaft scheut die Auseinandersetzung, weil sie das Prinzip von Ruhe und Wohlfühlen stört. Doch diese Ruhe ist trügerisch. »Wenn wir keine Schnittmenge erprobter Normen und Werte mehr haben, dann wird auch der für politische Entscheidungen notwendige Konsens unmöglich« (Roman Herzog). Der Bremer Geschichtsprofessor Paul Nolte (Jahrgang 1963) sieht Leidenschaft und Anstrengungsbereitschaft zum Wohle unserer Gesellschaft in patriotischer Selbstachtung begründet: »Ohne einen gemeinschaftlichen Bezug und Wertehintergrund sind Reformanstrengungen nicht umzusetzen.«

Die letzten Fußkranken der Völkerwanderung

Sind feste Werte, persönliche Überzeugungen und zeitlose Wahrheiten etwas für Menschen aus der Steinzeit? Manche Diskussion erweckt den Eindruck, als seien zumindest gläubige Christen so etwas wie die letzten Fußkranken der Völkerwanderung. Menschen, die noch nicht wissen, was die Stunde der Moderne geschlagen hat. Dabei leben wir längst, kulturphilosophisch betrachtet, in der Postmoderne. Und der alte Philosoph Sören Kierkegaard hat also doch Recht: »Ein Spießbürger ist, wer ein absolutes Verhältnis zu relativen Dingen hat.« Hauptsache Gesundheit, Karriere, wohlgeratene Kinder und wohlgefüllte Konten ... Wer so denkt, verwechselt die Lebensmittel mit der Lebensmitte.

Der Mensch ist mehr als die Summe seiner Leistungen. Die können ihm schon heute genommen werden. Die Suche nach festen Fundamenten, nach ewigen Werten und einer tragenden Mitte ist also keine Sache reaktionärer Spinner, sondern progressiver Denker. Solche Vorwärtsdenker, solche Vorausdenker braucht das Land, wenn aus unserer labilen Gesellschaft wieder eine stabile werden soll.

Unsere Welt rutscht zunehmend ins Abstrakte, ins Virtuelle und Unpersönliche. Schon der Atheist Ernst Bloch spürte als Wegbereiter der 68er die Kälte unserer Gesellschaft und wollte »dem Kältestrom einen Wärmestrom entgegensetzen«. Allerdings hat sich sein »Prinzip Hoffung« als Irrtum erwiesen, weil echte, überlebensfähige Hoffnung kein gedankliches Dogma sein kann, sondern eine lebendige personale Beziehung sein muss. Die Frage nach Gott und nach Jesus Christus als Hoffnung in Person wird immer aktueller.

Gerade in Zeiten von Mobilität und Flexibilität brauchen wir etwas Festes als Orientierungsmaßstab für die Zukunft. Sonst werden wir hilflos überrollt von den – im wahrsten Wortsinn – Schlagworten der Gegenwart: Globalisierung, Digitalisierung, Kosmopolitisierung, Individualisierung ...

Schnee von gestern

Ein politisches Kabarett stellte sich dem Thema »Der moderne Mensch«. Da merkt man auf, weil man von den Brettern kritischer Bühnen messerscharfe Zeitanalyse erwarten kann. Und man hört und staunt, was das »Düsseldorfer Kommödchen« zum modernen Menschen zu sagen hat:

Lebensangst und Kreislaufstörung,
Hasten, Jagen, Kampf und Gier.

Was stabil ist, ist die Währung,
was labil ist, das sind wir.
Lass die Puppen schneller tanzen
ohne Ziel in dem Getriebe,
hochgepeitscht durch Dissonanzen,
ohne Glaube,
ohne Hoffnung,
ohne Liebe ...«

So messerscharf analysiert ein linksgestricktes Kabarett, das ja nun nicht gerade eine Bischofskonferenz ist, die Lage des modernen Menschen. Die »Süddeutsche Zeitung« schrieb unter der beliebten Rubrik »in/out«, wie die Prioritätenlage der Gegenwart aussieht; »in« sind demnach Erfolg, Karriere und Schönheit, als »out« gelten Glaube, Hoffnung und Liebe ...

Doch daraus höre ich alles andere als das neomarxistische Triumphgeheul eines Günther Grass, der vor 30 Jahren noch stolz verkündete: »Glaube, Hoffnung, Liebe sind die Ladenhüter des Neuen Testamentes.« Nein, dieser Dreiklang des größten Intellektuellen der Antike, der damit die Freiheitsbotschaft auf den europäischen Kontinent brachte, dieser Dreiklang des Apostels Paulus ist alles andere als der sprichwörtliche »Schnee von gestern«. Oder doch! Denn der Schnee von gestern ist das Wasser von morgen.

Und wir merken heute mehr denn je, dass wir uns die Energie spendenden Wurzeln selber abgeschnitten haben, als wir die überlebenswichtige Zukunftsbotschaft von Glaube, Hoffnung und Liebe (1. Korinther, Kap. 13) in die Mottenkiste der Vergangenheit steckten.

Was stabil ist, ist die Währung ... Schon der Große unter den Bundespräsidenten, Karl Carstens, meinte am Ende seiner Amtszeit: »Das ist das größte Problem unserer Gesellschaft, dass wir reich im Portemonnaie sind, jedoch arm im Herzen.« Das konnte man damals kurzsichtig als sentimentale Gefühlsduselei eines alten Mannes abtun. Es war jedoch nichts als hellsichtige Prophetie. Ja, so ist es gekommen, dichtet und besingt es das »Düsseldorfer Kommödchen«.

Ohne Ziel in dem Getriebe ... Wir haben kein Ziel mehr vor Augen und deshalb die Richtung verloren. Und trösten uns hilflos mit dem dümmlichen Satz, der Weg sei das Ziel. Wer nach diesem Vorsatz eine Reise antritt, kommt niemals an. Keiner geht doch an den Bahnschalter und ordert ein Ticket für fünf Euro geradeaus. Doch die heutige »Generation Golf« (Florian Illies) hat sich den Werbespruch einer Firma für Navigationsgeräte zum Motto genommen: »Die Suche nach dem Ziel hat sich erledigt.«

Marc Twain beschrieb treffend, was unsere rat- und rastlose Zeit heute kennzeichnet: »Als wir das Ziel aus den Augen verloren, verdoppelten wir unsere Anstrengungen.« Von Karl Valentin, dem großen Münchner Komiker, ist die hintergründige Frage überliefert, die er den Leuten beim Spazierengehen stellte: »Ach, bitte, können sie mir vielleicht sagen, wo ich hinwill?« Bei allem Fortschrittswahn unserer Zeit müssen wir endlich darüber nachdenken, wohin wir eigentlich fortschreiten wollen. Wir schreiten fort, ohne das Ziel zu kennen. Hauptsache, man bewegt sich. Und das möglichst schnell. Ohne Kompass aber bleibt es ein Irrweg.

Marie von Ebner-Eschenbach, die Literatin des sozialen Mitgefühls, dichtete einmal: »Das eilende Schiff, es kommt durch die Wogen wie Sturmwind geflogen. Voll Jubel ertönt's vom Mast und vom Kiele: Wir nahen dem Ziele! Der Fährmann am Steuer spricht traurig und leise: Wir segeln im Kreise!«

Die heutige Hektik der Pragmatiker mit ihren atemlosen, kurzsichtigen Reformbestrebungen kaschiert die allgemeine Rat- und Ziellosigkeit nur vordergründig. Insofern ist es logisch und bitter nötig, wenn Horst Köhler langfristige und vermittelbare Ziele für das gesellschaftliche Handeln einfordert und zugleich auf seine christliche Wertegrundlage verweist. Zwei Seiten einer Medaille.

Ohne Glaube, ohne Hoffnung, ohne Liebe

Ohne Glaube fehlt ein Fundament, ein einigendes Band, das uns trotz aller Verschiedenheit zusammenhält. Ganz gleich, ob Mann oder Frau, jung oder alt, in der Stadt oder auf dem Land, gut oder weniger gut gebildet und begütert, CDU- oder Grünen-Wähler ... Wir brauchen etwas, was jenseits aller Differenzen Gemeinsames schafft. Deshalb wende ich mich auch entschieden gegen jede Parteipolitisierung der Kirche. Jeder hat ein Menschenrecht, das Evangelium zu hören und nicht die politischen Privatmeinungen von Kirchenfunktionären. Solche Pfarrer sollten sich ehrlicherweise ins Parlament wählen statt sich zum Predigtamt ordinieren lassen. Diese primitiv-politische »Theologie der leeren Kirchenbänke« ist eine Bankrotterklärung an die Sinn stiftende Kraft des Evangeliums.

Schon die Väter und Mütter unseres Grundgesetzes wussten, dass die Verfassung, also das Band, das die Nation zum Staat macht, nur haltbar ist, wenn sie über die nackten Paragraphen hinaus auch einen Wertebezug hat. Das hatte bereits der Dichter Joseph von Eichendorff erkannt, als er 1832 im Zusammenhang mit dem Hambacher Fest sagte: »Keine Verfassung garantiert sich selbst.« Unser Staat lebt von Voraussetzungen, die er selbst nicht hervorbringen, die er aber durch den staatlichen Schutz der Kirchen gewährleisten könne, so der Verfassungsrichter Ernst-Wolfgang Böckenförde. Doch was nützt Gott auf dem Papier der Verfassung, wenn er nicht die Verfassung der Menschen prägt?! Beides gehört zusammen.

Selbst der Philosoph des Existenzialismus, Martin Heidegger, erkannte am Ende seines Lebens: »Nur Gott kann uns noch retten.« Ausgerechnet er fasst in Worte, was ein Leben ohne Glauben bedeutet: »Wenn Gott als der übersinnliche Grund und das Ziel alles Wirklichen tot ist ..., dann bleibt nichts mehr, woran der Mensch sich halten und wonach er sich richten kann. Der Nihilismus, der unheimlichste aller Gäste, steht vor der Tür.«

Der Theaterregisseur Nicolas Stemann (Jahrgang 1968), jetzt am Wiener Burgtheater, eines der meistgefeierten Nachwuchstalente, wurde für seine Inszenierung von Kleists »Käthchen von Heilbronn« im Deutschen Theater Berlin mit Ruhm überschüttet. »Mit diesem Stück wollte ich bestimmte Fragen stellen, die heutzutage als uncool gelten: die Frage nach Glauben, Vertrauen, Liebe. Dabei wird doch längst immer deutlicher, dass ein Leben ohne Glauben sehr defizitär ist«, sagt er der »Welt« (7. Mai 2004, unter der Überschrift: »Kein Leben ohne Gott – Star des Berliner Theatertreffens setzt auf die alten menschlichen Werte«). Mit Stemann hätten wir einen Regisseur, schreiben Kritiker, »der bestimmte menschliche Werte wieder kenntlich und wichtig machen will, indem er das Gefühl für ihren Verlust beschwört. Nämlich Glaube, Liebe, Hoffnung.«

Ja, ohne Glaube sind wir arm dran. Der leider so früh verstorbene Wirtschaftsjournalist Johannes

Gross meinte: »Wenn ich glaube, habe ich nichts zu verlieren; wenn ich nicht glaube, habe ich nichts zu erhoffen.« Und ohne Hoffnung kann keiner leben. Hoffnung gehört zum Leben wie das Atmen. Nimmt man dem Menschen den Sauerstoff, so tritt der Tod durch Ersticken ein. Nimmt man ihm die Hoffnung, so kommt die Atemnot, die Verzweiflung heißt. Und in wie viele verzweifelte Gesichter muss man heute sehen! Menschen ohne Zukunft sind wie wandelnde Leichen in der Gegenwart. »Ein Mensch, der keine Hoffnung hat und sich dessen bewusst ist, hat keine Zukunft mehr« (Albert Camus).

Das ist ja kein Problem unserer individuellen Seelenlage. Das hat fatale Folgen für unsere Gesellschaft. Hoffnungslosigkeit erzeugt Angst. Und Angst lähmt die Initiative. »Der Glaube ist die größte Leidenschaft im Menschen« (Kierkegaard). Wenn es nichts mehr zu glauben und zu hoffen gibt, lohnt auch keine Anstrengung. Bleibt nur die Flucht in die Resignation oder ins eigene Ich, in einen tödlichen Individualismus zum Tanz ums goldene Selbst. Diese radikale Ichbezogenheit führt laut »Spiegel« zu »Atomisierung, Entsolidarisierung, Werteverfall, Egoismus, Anspruchsdenken«. Die Ego-Ratgeber füllen die Regale der Buchhandlungen.

Ohne Hoffnung leben heißt, ohne Ziel leben. Zielloses Leben aber ist ein Leben ohne Orientierung. Ein Mensch ohne Orientierung ist haltlos.

Nur lebendige Hoffnung gestaltet die Gegenwart. Solche Hoffnung motiviert. Sie setzt in Bewegung. Sie ist Motor und Impuls, mit dem langen Atem der Zuversicht auch dort an der Arbeit zu bleiben, wo alles sinnlos erscheint.

Das »Düsseldorfer Kommödchen« hat also Recht, wenn es eine Gesellschaft ohne Glaube und ohne Hoffnung als labil bezeichnet. Vor allem, wenn ihr auch noch die Liebe fehlt. Wobei mit Liebe mehr gemeint ist, als was wir inzwischen daraus gemacht haben. Liebe hat mit Vertrauen, ja mit Urvertrauen zu tun. Dass man zueinander steht, füreinander sorgt, beieinander bleibt in schweren Situationen und miteinander das Leben teilt. Das ist die Liebe, die laut Bibel nicht fordert, sondern fördert. Die sich hingibt und damit wächst. Die den anderen nimmt, wie er ist, mag er sein, wie er will. Doch das alles widerspricht dem fehlgeleiteten Leistungsdenken unserer egomanen Gesellschaft.

Ohne Grundvertrauen gibt es kein Selbstvertrauen. Solche Menschen sind weder leistungsfähig noch leistungsbereit oder risikofreudig, geschweige denn leidensfähig. Spätestens hier wird deutlich, dass Werte wie Glaube, Hoffnung und Liebe nicht nur individuelle, sondern gesellschaftliche Konsequenzen haben.

Sinnfrage statt Spaßfrage

Und doch sind es immer mehr Menschen, die ihr Leben nicht mehr nach Kalorientabellen und Börsenkursen planen wollen. Zum globalen Pessimismus (Deutschland als Weltmeister im Wehklagen) kommt jetzt dramatisch die persönliche, existenzielle Bedrohung. Jeder hat jemand im engsten Bekanntenkreis, der arbeitslos ist, vom Topjournalisten bis zum Banker. Die Ahnung, dass es jeden treffen kann, verunsichert die gut behütete und beneidete Nach-68er-Generation, die von unbegrenztem und bombensicherem Wachstum träumte. Drohend stellen sich die Fragen nach Rente, sozialer Sicherung und dem Gesundheitssystem.

Wir erleben nun nach dem Gefühl ewiger Sicherheit die Rückkehr der Angst. Die Unsicherheiten auf dem Arbeitsmarkt, sinkende Realeinkommen und düstere Rentenaussichten sorgen dafür, »dass die Gewöhnung an das unbeschwerte Leben zwischen Konsumgenuss und Egotrip an ihre finanzielle Grenze stößt«, resümiert das Hamburger BAT-Institut das Ergebnis einer Repräsentativumfrage vom August 2003. Die Spaßgesellschaft habe sich überlebt. Leben ist eben mehr als Wellness. Der Hunger nach immer neuen Spaßrationen im Fernsehen nähert sich der Sättigungsgrenze.

Wenn die Spaßgesellschaft wirklich der »Endzustand der Säkularisierung« ist und der heitere Genuss so manche Leerstelle füllt, wo in der Persönlichkeit früher die Überzeugungen saßen – wenn das stimmt, dann beginnt mit der Sinnsuche das Ende dieses Spaßes. Die Spaßgesellschaft ist jedoch auch das Ergebnis einer ökonomischen Entwicklung, einer explosiv steigenden Unterhaltungsindustrie, die sich nicht ohne weiteres und vor allem nicht freiwillig zurückdrehen lassen wird und will. Spaß machen ist ein ernstes Geschäft. Und Spaß macht sich vor allem bezahlt. »Ohne Spaß würde die Weltwirtschaft zusammenbrechen, schon deshalb darf er nicht aufhören«, warnt der Berliner »Tagesspiegel«. Dennoch scheint mir der Konkurrenzkampf zwischen Gottesdienst und Erlebnisbad, zwischen Sinnstiftern und Spaßmachern wieder völlig offen. Den sich vergnügenden Massen ist das Lachen vergangen, weil man sich ja bekanntlich kaputtlacht ...

Die »Generation Golf« (so nennt Florian Illies seine in den 1970er-Jahren geborenen Altersgenossen), die geschenkt bekam, wofür ihre Eltern noch hart arbeiten mussten, ist mit dem 11. September 2001 jäh wachgerüttelt. Aufgewacht nach wohligwattiger Schläfrigkeit, ausgeruht auf dem weichen Zivilisationspolster. Nach der Leichtigkeit des Seins (weder rechts noch links, aber lustig) kommt die berufliche Bedrängnis. Die Zukunftsaussichten sind düster, die Vergnügungen der Spaßgesellschaft schmecken schal, an den Hebeln der Macht sitzen immer noch diejenigen, die in grauer Vorzeit den Marsch durch die Institutionen angetreten hatten. Für die »Generation Golf« sind die Zeiten alles andere als rosig. »Jung, erfolgreich, entlassen«, titelte der »Spiegel« (August 2002).

Aus und vorbei! »Die Sinnfrage ist wieder wichtiger als die Spaßfrage«, sagt Horst W. Opaschowski, Deutschlands dienstältester Trendforscher (BAT-Forschungsinstitut Hamburg). »Auf das Vakuum einer oberflächenbetonten Weltsicht folgt die Sehnsucht nach Werten. Nach dem Zeitalter der Ideologien folgt die Rückkehr zur Religion« (Illies).

»Religion als Lebensgefühl ist wieder gefragt – als Gegengewicht für den Verfall verbindlicher Regeln und moralischer Normen. Normlosigkeit ist auch ein Ausdruck von Gottlosigkeit«, schreibt der Soziologe Opaschowski.

Holt Gott zurück!

Als beim Prager »Forum 2000« führende Persönlichkeiten aus aller Welt über Zukunftsfragen diskutierten, meinte Tschechiens damaliger Staatspräsident Václav Havel: »Zunehmende Gottlosigkeit ist mitverantwortlich für die derzeitigen globalen Krisen.« Besonders dramatisch sei der daraus resultierende »weltweite Mangel an Verantwortung«. Die Moral wird privatisiert, gesellschaftliche Maßstäbe und allgemein verbindliche Sinnorientierungen gehen verloren. Als Resultat bleibt der Verlust sozialer Lebensqualität.

Halten wir uns den Spiegel vor: Kneipen und Kinos sind voller als Kirchen. Nächstenliebe leidet an Magersucht. Minister schwören nicht zu Gott. Das Goldene Kalb ist populärer als die Zehn Gebote. Nicht Religion und Glaube, sondern Wissenschaft und Fortschritt, Konsum und Kommerz sind die stärksten Schubkräfte der Geschichte. Doch schon Goethe analysierte messerscharf: »Alle Epochen, in denen der Unglaube einen kümmerlichen Sieg behauptet, verschwinden vor der Nachwelt, weil sich niemand gern mit der Erkenntnis des Unfruchtbaren abquälen mag.«

Deshalb der Appell von Alexander Solschenizyn, der im Juni 1994 zur Titelschlagzeile der »Welt« wurde: »Holt Gott zurück in die Politik!« Der russische Dichter und Denker, Dissident und Nobelpreisträger hat die düstere Prophezeihung seines Autorenkollegen Dostojewski am eigenen Leib im eigenen Land erlebt: »Ein Volk ohne Bindung an Gott geht kaputt. Wenn Gott nicht existierte, wäre alles erlaubt.« Wir bezahlen bitter, was der Mathematiker-Philosoph Blaise Pascal schon im 17. Jahrhundert beschrieb: »Die Mitte verlassen heißt die Menschlichkeit verlassen.« Humanität ohne Divinität führt zur Bestialität. Die Abschaffung Gottes führt nicht ins Vakuum. »Die verlassenen Altäre werden von Dämonen bewohnt« (Ernst Jünger). Der Thron ist leer, aber alle wollen drauf.

In der schrecklichen Nazizeit hat sich der arische Wundermensch zu seinem eigenen Gott gemacht. Das Ende kennen wir. Im Mai 1936 schrieb die vorläufige Leitung der evangelischen Kirche an Hitler: »Unser Volk droht die ihm von Gott gesetzten Schranken zu zerbrechen: Es will sich selbst zum Maß aller Dinge machen. Das ist menschliche Überheblichkeit, die sich gegen Gott empört.« Das darf sich nie wiederholen!

Der katholische Religionsphilosoph Romano Guardini fragt uns im Blick auf die Wissenschaftsethik ironisch-besorgt: »Wird der Mensch der Technik nachwachsen?« Die Erkenntnis von Novalis hat sich heute ins Gegenteil verkehrt: »Ein Schritt in der Technik erfordert drei Schritte in der Ethik.«

Wie rück-schrittlich wir da heute sind, zeigt die Debatte um Lebensschutz und Bioethik. Als gäbe es weder mitmenschliche noch moralische Maßstäbe, werden die Fragen der reinen Zweckmäßigkeit geopfert. Dabei liefert gerade hier die Frage nach Gott und dem Glauben den eigentlichen Fort-Schritt der Humanität. Ein Beweis für seine gesellschaftliche Relevanz und dafür, welch hohen Preis wir für dessen Verlust bezahlen.

Die wichtigste Unterscheidung, die der Glaube macht, ist nämlich die zwischen Gott und Mensch. Wenn der Glaube von Gott spricht, meint er den

Schöpfer. Und damit weist er dem Menschen seinen Platz zu: als Geschöpf. Das hat fundamentale Wirkung für alle gesellschaftlichen Bezüge. Wenn der Glaube den Menschen in ein Verhältnis setzt, dann verhindert er, dass der Mensch Maß aller Dinge ist.

Dass dies alles andere als theoretisches Philosophieren ist und es dabei um alles oder nichts geht, zeigt die aktuelle Diskussion um die Neudefinition des Begriffs Menschenwürde mit dem fatalen Konzept einer »abgestuften Menschenwürde«. Dabei wird der vom Grundgesetz geschützte Wert immer häufiger mit Freiheit, Handlungsfähigkeit, Bewusstsein oder Jugendlichkeit in Verbindung gebracht. Sind diese Kriterien nicht mehr erfüllt, wird schnell statt von einem menschenwürdigen Leben von einem menschenwürdigen Sterben gesprochen.

Wohin das führt, erleben wir in Holland hautnah: Während wir in Deutschland noch für Patientenverfügungen werben, geben die Niederländer notariell »Lebenswunsch-Erklärungen« ab. Bereits drei Jahre nach dem bejubelten liberalen Sterbehilfe-Gesetz haben sich die schlimmsten Befürchtungen der Konservativen dramatisch bewahrheitet: Immer mehr alte Menschen sterben durch die Hand des Arztes nicht auf eigenen, sondern ihrer Verwandten (und Erben!) Wunsch. Die Meldepflichten werden einfach ignoriert und die Kriterien der Euthanasie großzügig ausgelegt. In diesem

Klima kann es nicht verwundern, wenn die ohnehin unbestimmten Begriffe »unerträgliches und aussichtsloses Leiden« inzwischen auch dazu dienen, die Tötung eines Alzheimerpatienten im Frühstadium (!) der Krankheit zu rechtfertigen. So makaber es klingt: In Holland ist man seines Lebens nicht mehr sicher. Und das gilt für jede Gesetzgebung, die den Menschen zum Maß aller Dinge macht.

Holt Gott zurück in die Politik – das heißt dann: Holt das Maß zurück. Den Maßstab, an dem sich alles messen lassen muss. Denn wenn Gott weichen muss und der Mensch an die erste Stelle tritt, sind Extremismus und Fanatismus die Folge. Der atheistische Fundamentalismus ist die größte Bedrohung unserer Gesellschaft. Unter dem Minuszeichen der Gottlosigkeit gerät alles auf die schiefe Bahn. Wo immer in der Welt einer nicht mehr weiß, dass er höchstens der Zweite ist, da ist bald der Teufel los. Der Philosoph Max Scheler nennt es »metaphysischen Leichtsinn« zu meinen, der Mensch könne alles selbst und brauche Gott nicht.

Christus oder Chaos – so lautet die provozierende, aber messerscharfe These hellsichtiger Christen nach dem Zweiten Weltkrieg und der barbarischen Nazidiktatur. Zum Beispiel Wilhelm Busch mit seinem noch heute aktuellen Bestseller »Jesus unser Schicksal«. Man kann nämlich den, der zur

Rechten Gottes sitzt, nicht einfach links liegen lassen. Und wer vor Gott knien kann, der kann vor Menschen gerade stehen. Es gibt keine Ethik ohne Religion.

Ich kann nach keiner Orientierungsmarke segeln, die ich mir selbst an den Bug meines Schiffes genagelt habe. Letzte Ausrichtung, der es kompassgenau zu folgen gilt, kann nur außerhalb von mir sein. Die tapferen Christen der Bekennenden Kirche während des Dritten Reiches hatten das Motto: »Teneo quia teneor« – ich halte stand, weil ich gehalten werde.

Golgatha ist keine Zahnpasta

Doch Pisa-Deutschland hat das alles verlernt. Der Scherbenhaufen der 68er-Rückschritts-Rebellen verdeckt die Sicht auf den lebensfördernden Fortschritt. Mit der Spaßgesellschaft gehen auch immer Bildungsnotstand und Kulturlosigkeit einher. Hieß es früher einmal: »Wissen ist Macht«, so denken wir heute: »Weiß nichts, macht nichts!«

Paradebeispiel sind die Quizshows im Fernsehen, die Ratesendungen von Günther Jauch oder Jörg Pilawa. Da schlägt einem die blanke Bildungskatastrophe unserer Oberflächengesellschaft entgegen, die die Tiefe meidet und ihre Wurzeln längst verloren hat. »Ich habe Probleme mit Leuten, die Franz

Kafka für den Erfinder von Fix und Foxi halten«, sagt Jauch.

Ganz zu schweigen von Fragen zur Bibel, der Grundurkunde unserer Kultur, der Wertegrundlage Europas. Da werden vor lauter Nichtwissen Tausende Euro Gewinnsumme verspielt. Der Vater von Kain und Abel? Null Ahnung! Woher kommt der »Sündenbock«? Noch nie gehört! Und als zehn Kandidaten vorgegebene Zeilen des Vaterunsers in die richtige Reihenfolge bringen sollten, konnte das keiner, wirklich keiner. Was soll man mit einer Generation anfangen, die Golgatha tatsächlich für eine Zahnpastasorte hält ...

Alte Werte, neu entdeckt

Doch in dem Augenblick, wo Kinder da sind, kommen die echten Lebensfragen knallhart auf den Tisch. Übrigens: Auch ein Grund, weshalb unsere oberflächliche Spaßgesellschaft am besten in der Single-Kultur gedeiht, in der es dann zum Schluss nur noch um die bange Frage nach dem Sterben geht, wenn das Leben bereits gelaufen ist ... Im »Spiegel«-Titel zum Thema »Die neuen Werte« (Juli 2003) heißt es: »In vertrauter Runde gestehen Eltern sogar, auch wieder das Abendgebet eingeführt zu haben, sich dabei aber ähnlich hilflos zu fühlen wie beim Absingen der Volkslieder – sie selber sind nämlich weder mit dem einen noch mit dem anderen aufgewachsen.« Genauso hilflos erlebe ich Kollegen, die ihren Kindern auf Fragen nach Gott und Gebet, nach Himmel und Heiland antworten sollen.

Jahrzehnte haben wir es uns gefallen lassen, dass über Familie nur negativ gesprochen, gelästert und gespottet wurde. Jetzt bezahlen wir die Quittung. Denn die Familie ist der erste und wichtigste Ort zur Vermittlung von Werten. Hier werden die Fundamente gelegt, auf die der Mensch sein ganzes Leben aufbauen kann – oder eben nicht. Kinder sich selbst oder Fremden zu überlassen wird nur vom schlechten Gewissen als Fortschritt gepriesen.

Beliebte Zielscheibe des ideologischen Gespötts sind und waren Mütter, die sich als »Nur-Hausfrauen« zu outen wagen. Frauen, die in der unvorstellbaren Aufgabe doch tatsächlich Erfüllung zu finden scheinen, sich um ihre Kinder und die Familie zu kümmern. Sie gelten als latent asozial. Für diese bemitleidenswerten Zeitgenossinnen hatte man(n) sogleich den stereotypen Schlagwort-Dreiklang Kinder, Küche, Kirche parat. Stereotypen sind jedoch nichts anderes als die Stützräder für kleine Denker, die Großes formulieren wollen. Sie sind der »Terror der Mittelmäßigen« (Oscar Wilde).

Hauptverantwortlich für die fundamentale Sinnkrise, für den verheerenden Seelenzustand der jungen Generation sind nicht die Schulen und die Medien, das ist und bleibt die Familie. »Heute sind viele junge Menschen auf der Straße, weil sie die Liebe und die Freude in den Familien entbehren. Sie hungern nach Liebe, sind aber sich selbst überlassen, weil ihre Eltern zu beschäftigt sind« (Mutter Teresa). Familie ist nicht nur der Ort für Vorschriften, sondern für Vorbilder. Hier werden Werte erlebt – oder eben nicht.

Etwas altertümlich, aber höchst aktuell werden die Aufgaben der Familie im »Hannöverschen Magazin« von 1786 so beschrieben: »Gegenseitige Rücksichtnahme, Anstand, Interesse füreinander, Duldsamkeit, Selbstbeherrschung, kurz: die Aufgabe, sich gemeinschaftlich und wechselseitig beständig zu veredeln und zu vervollkommnen.« Veredeln heißt im Gärtnerdeutsch kultivieren. Kultur wächst also aus der Familie heraus – oder eben nicht. »Bildung ist der Boden, den jeder Einzelne zu erwerben und immer wieder neu zu bestellen (kultivieren!) hat« (Karl Jaspers).

Kein Wunder, dass aus der gegenwärtigen Unkultur die Sehnsucht nach Familie wächst. Trendforscher sehen bei jungen Leuten eine Trendwende. Die Überzeugung, so das BAT-Institut, dass man »auch ohne Ehe, Kinder und Familie glücklich sein kann, findet immer weniger Zustimmung«. Der Trend zur Individualisierung habe den Zenit überschritten.

Selbst Illustrierte bejubeln die »alten Werte, neu entdeckt«: Familie statt Singleleben, Sparen statt

Shopping, Freundschaft statt Egoismus ... Wir merken, dass doch letztlich die Familie die wichtigste Institution ist, um Werte zu vermitteln. Mit Menschen, die wir lieben, wertvoll umzugehen ist das beste Rezept gegen den Werteverfall. »Erziehung ist Vorbild und Liebe« (J. H. Pestalozzi).

Vorbild statt Vorschrift

Der erhobene Zeigefinger über die böse Spaßkultur nützt nichts. Vorschriften gegen die hemmungslose Lust am Banalen noch weniger. Letztlich zählt nur eines, was wir der nachfolgenden Generation geben können: Vorbild. Und da wundern wir uns noch, dass junge Leute zum Beispiel Rücksicht und Verantwortung »uncool« finden? In einer Umfrage nannten die meisten 14- bis 16-Jährigen Rücksichtnahme als größten Stress. Wo werden denn in unserer Gesellschaft Rücksicht und Verantwortung vorgelebt? Alle wollen doch »cool« sein: Gestylte Politiker in TV-Shows, gierige Abzock-Promis in vergoldetem Ruhestand, krankhafter Jugendwahn in der Werbung, seichte Unterhaltung in den Medien ganz oben. »Je banaler, desto bessere Sendeplätze, desto mehr Quote« (Roman Herzog).

Ende des 20. Jahrhunderts hat die Spaßgesellschaft Einzug in die Medien gehalten und beeinflusst seitdem die Selbst- und Weltwahrnehmung.

Markenklamotten, Modedrogen, Markt der tausend Unverbindlichkeiten von »Ballermann 6« bis »Big Brother«, TV-Formate, in denen sinnfreies Lachen Trumpf ist und Ironie zum Mittel der Verständigung wird. Vorbild Bildschirm. »Fun ist ein Stahlbad. Die Vergnügungsindustrie verordnet es unablässig«, wie Horkheimer und Adorno schon vor Jahrzehnten feststellten.

»Modedrogen sind darin ebenso eingeschlossen wie die Love- und Street-Paraden« (»Neue Zürcher Zeitung«). Wenn über die Flucht in die Sucht als letzter Rettungsanker unserer spaßgeschädigten Jugend geklagt wird, zeigen die Finger auf uns Erwachsene: Wir alle leben die Spaßgesellschaft vor. Wir tragen doch die Verantwortung für unsere Kinder.

Von Vorbild und Liebe spricht Pestalozzi, der Urvater der Pädagogik. Mir fällt ein Interview mit Julian Lennon im »Daily Telegraph« ein. Da lässt er kein gutes Haar an seinem Vater, dem Ex-Beatle John Lennon. Er wirft ihm Scheinheiligkeit vor, weil er sich um seine Familie kaum gekümmert habe. »Papa konnte laut vom Weltfrieden und der Liebe auf Erden singen, aber seinem Sohn konnte er dieses Gefühl nie vermitteln«, so der inzwischen 35-Jährige. Ich erinnere an den ermordeten Bankchef Alfred Herrhausen und sein Lebensmotto: »Wir müssen das, was wir denken, auch sagen. Wir müssen das, was wir sagen, auch tun. Wir müssen das, was wir tun, auch sein.«

Was vermitteln wir unseren Kindern? Viele Eltern trauen sich gar nicht mehr, wesentliche Werte offensiv vorzuleben. Dabei liegen die doch voll im Trend. Plötzlich sind sie wieder da, die guten alten Werte. Wiederentdeckt von der Jugend. »Eine Reaktion auf die unsicheren Zeiten. Deshalb sucht man nach festem Halt und findet ihn in den Traditionen«, so der Soziologe Klaus Hurrelmann.

Gelbe Engel statt Gottes Bodenpersonal

Wohl dem, der diesen Traditionen noch begegnet. Werte wollen ja nicht als Worte, sondern als Begegnung erfahren werden. Die Kirchen als Institution haben für die meisten Deutschen keine Bedeutung mehr. In der bisher größten repräsentativen Internet-Umfrage in Deutschland (gemeinsam von ZDF, »Stern«, t-online und McKinsey unter 356 000 Bundesbürgern durchgeführt) bezeichneten sich nur noch 39 Prozent als religiös. Auf die Frage, wem sie am meisten vertrauen, kam die überwältigende Antwort: den gelben Engeln des ADAC! Dem Bodenpersonal Gottes, den Kirchen, vertrauen magere 14 Prozent. Ein hoher Preis für die gnadenlose Selbstsäkularisierung und Selbstmarginalisierung der Kirchen in den vergangenen Jahrzehnten.

»Nur in einem einzigen Land auf der Welt ist die

Kirche (bei der Frage nach ihrem Ansehen) nicht im vorderen Feld platziert, nur in einem einzigen Land liegt die Kirche auf dem letzten Platz: in Deutschland ... Wie weit soll dieses in der evangelischen Kirche schon fast zur Folklore gewordene kirchliche Bemühen, sich bis zur eigenen Unkenntlichkeit mit der Welt zu ›verständigen‹, noch führen? Wahrscheinlich erst, wenn sich die beiden Kirchen auch noch mit der letzten gesellschaftlichen Randgruppe in Deutschland verständigt haben, werden sie realisieren, dass sie selbst zur Randgruppe geworden sind« (Florian Illies in der FAZ).

Für mich gehört es zu den größten Herausforderungen unserer Zeit, dass immer weniger Menschen ihre Lebensfragen an die Kirchen richten. Nicht, weil etwa der Glaube antiquiert und die Sache mit Gott altmodisch erscheinen. Im Gegenteil: Da, wo Bibeltreue und Christusfreude statt Multikulti und Tagespolitik herrschen, füllen sich die Gottesdienste und blüht die Jugendarbeit. Nur von entschiedenen Christen werden entscheidende Antworten erwartet. Wo alles möglich ist, macht man sich bald selbst unmöglich. Martin Luther hat zwar gesagt, man solle dem Volk aufs Maul schauen. Dass man den Leuten nach dem Munde rede, hat er nirgendwo verlangt.

Doch selbst das, ein Hören und Antworten auf die Bedürfnislage des modernen Menschen, gelingt der Kirche nicht. Durch pseudowissenschaftlichen

Schnickschnack berauben sich selbst Spitzenfunktionäre der letzten missionarischen Möglichkeiten, Menschen glaubwürdig zu erreichen und ihnen Mut und wegweisende Worte zuzusprechen. Geschehen auf der Düsseldorfer »drupa«, der weltgrößten Messe für Papier und Druckmaschinen. Dort hielt eine Superintendentin einen Gottesdienst und entzauberte den verlesenen Predigttext sogleich, indem sie dem staunenden Publikum erklärte, nur der erste und der letzte Teil seien wirklich von Jesus, die Mitte später hinzugefügt worden. Genau das war es ja auch, was die Leute an diesem Morgen brennend interessierte ... Doch die Erwartungshaltung an Gottes Bodenpersonal ist glücklicherweise so reduziert gewesen, dass nur vier (!) Besucher kamen, während sich vor dem muslimischen Gebetsraum auf dem Messegelände eine lange Schlange bildete.

Gefragt ist heute kein multireligiöser Eintopf, sondern christliche Eindeutigkeit. Nicht religiöse Leckerbissen, sondern biblisches Lebensbrot. Unsere Kirchen brauchen eine Konzentration auf ihr Kerngeschäft, einen echten Produktstolz, um auf dem diffusen Markt der Sinnangebote konkurrenzlos wichtig zu bleiben. Wir sollten nicht wesentlich mehr, dafür jedoch mehr Wesentliches tun. »Wir müssen alle unsere Aktivitäten auf den Prüfstand stellen und überlegen, was wir gegen die Grundmisere der Gottvergessenheit tun können« (Kardinal Karl Lehmann).

Mit der Erschütterung kultureller Säulen wie Kirche oder Familie hat es unsere Gesellschaft zugelassen, dass Traditionen und Bindungen wie Flugsand in der Weltgeschichte verrieseln. Auf den Wanderdünen des Zeitgeistes sind jedoch weder stabiler Halt noch Sinn gebende Orientierung zu finden. Das gilt nicht nur für den persönlichen Bereich und das eigene Leben.

Jetzt rächt sich der Verlust der nationalen Identität und der mangelnde Wille zur Zukunft. Es ist ja schon ein Witz, dass über Patriotismus erst bzw. nur dann gesprochen wird, wenn Schumacher, Becker & Co. der Steuer wegen ins Ausland flüchten. Gegen alle Political Correctness wird von Rot-Grün (!) plötzlich die nationale Karte gezogen und Heimattreue eingefordert, wenn ein Unternehmer ankündigt, ins Ausland abzuwandern, bevor er hier zum Unterlasser von überzogenen Steuern und Lohnnebenkosten wird, die ihn mitsamt seinen Arbeitsplätzen in die Pleite führen.

Die Sprache sagt's

Welche Werte bei uns auch im ökonomischen Bereich verloren gegangen sind, zeigt schon die Sprache. Sprache ist ja ohnehin ein Spiegelbild des Zeitgeistes bzw. ein Mittel zu dessen Veränderung. Die chinesische Kulturrevolution wäre anders gar nicht möglich gewesen. Bei uns ist es augenfällig die Werbe- und Politikersprache, hintergründig aber auch die Sprach-Entwertung, die Bände sprechen.

Mit einem guten Werbeslogan, notfalls durch neue Wortschöpfungen oder die Sprachverhunzung namens Denglisch (unsinnigste Mischungen aus deutschen und englischen Wörtern) kunstvoll entworfen, lässt sich noch jedes Produkt erfolgreich verkaufen. Im Politbereich fällt einem immer wieder das Beispiel Ludwig Erhards ein. Der zweite Bundeskanzler und Vater des Wirtschaftswunders verlor eine Wahl in Nordrhein-Westfalen nur dadurch, dass er gegen die unsäglichen Kohlehalden anwetterte. Einer seiner Nachfolger machte das cleverer: Helmut Schmidt nannte die Kohlehalden einfach Energiereserven und hatte das Volk auf seiner Seite ...

Auch andere Begriffe, voreilig in die Welt gesetzt, sind nicht mehr aus dieser herauszuholen. Die FDP nannte sich selbst die »Partei der Besserverdienenden«, statt sich semantisch beraten zu lassen und lieber von »Leistungsträgern« zu sprechen. Die CDU wird ihr Unwort »Kopfpauschale« im Blick auf die Gesundheitsreform nicht mehr los. Während die »Bürgerversicherung« von Rot-Grün wie ein Gnadenakt der Barmherzigkeit klingt, schwingt beim Sympathiekiller Kopfpauschale irgendwie die Todesstrafe mit. Wer fragt da noch nach Inhalten, wenn das (Sprach-)Gefühl den Ton angibt?!

Der Wert des Dankens hat heute keine Konjunktur mehr. Wer sagt noch Danke in einer Gesellschaft, in der doch jeder glaubt, sich selbst alles zu verdanken. Den letzten Dank, den zu Muttertag, haben wir inzwischen auch bei Fleurop in Auftrag gegeben. Und manche Männer setzen sich seit 50 Jahren an einen gedeckten Tisch, ohne ein einziges Mal Danke gesagt zu haben.

Mangelnde Dankbarkeit ist, vom Grunde her betrachtet, ein Zeichen wachsenden Unglaubens. Wer Gott abschafft, hat auch keine Adresse mehr für den letzten Dank. Wer den Geber der Gaben los ist, wird sich selbst als Schöpfer fühlen und sich entsprechend benehmen. Man nimmt dann ja nur das, was einem ohnehin zusteht und was man selbst gemacht hat. Der Volksmund hat das richtig erkannt: Undank ist der Welt Lohn. Vor einer eiskalten Ego-Gesellschaft, die Dank nicht mehr kennt, kann man nur Angst haben. Kein Wunder, dass der Volksmund den Komparativ von Angst »Heidenangst« nennt.

Es lohnt sich, genau auf die Sprache und deren Gebrauch zu achten. Symptomatisch: In meiner westfälischen Heimat gibt es die großen, rauschenden Volksfeste nach der Ernte. Das selbstverständliche Wort »Erntedankfest« hat sich auf den Plakaten inzwischen zum bloßen »Erntefest« reduziert.

Dienst ohne Leistung

Wer redet heute noch vom Dienen? Wir wollen doch nicht mehr dienen, wir wollen herrschen, Macht haben, uns emanzipieren. Das Wort kommt höchstens mal im negativen Sinne vor, wenn eine Mutter zur anderen sagt: »Hat ihr Sohn auch schon gedient?« Dienen im Alltag – das gilt als antiquiert, hat den Beigeschmack von Frauenhilfe und riecht nach Kaffeekochen im Büro. Tief blicken in die geistige Armut lässt ein flott gemeinter dümmlicher Slogan einer kirchlichen Frauenarbeit: »Früher waren wir selbstlos, heute gehen wir selbst los.« Als seien das Gegensätze! Bezeichnend ist das Interview mit einer TV-Schauspielerin, die sich aus einer beliebten Krankenhaus-Serie zurückgezogen hatte und jetzt zurückkehrt: »Ich tue das, weil sich die Serie total verändert hat. Die Krankenschwester ist nicht mehr diese aufopfernde, dienstbeflissene Frau, sie ist jetzt selbstbewusst.« Dienst gilt sozusagen als Synonym für Unterordnung und Unselbstständigkeit.

Ganz gegen diesen Trend will man mit Dienstleistung Arbeitsplätze schaffen — und wundert sich, dass das nicht klappt. Bei uns jedenfalls nicht. In Holland, in Skandinavien und den USA glückt das sensationell und bringt Hunderttausenden einen Job. Wer in Amerika seine Einkäufe im Supermarkt (nicht nur im Fachgeschäft!) selber einpackt, vernichtet einen Arbeitsplatz. Und wie selbstverständlich werden die Tüten dann auch noch ins Auto getragen. Noch ein Arbeitsplatz. Dasselbe gilt fürs Schuheputzen nachts im Hotel. Stellen Sie jedoch in einem deutschen Hotel mal ihre Schuhe vor die Tür – die sind am nächsten Morgen weg ...

In den USA ist Shopping ein Event. Selbst in großen Warenhäusern wird man von einer Verkäuferin nicht nur strahlend-freundlich begrüßt (lieber ein »bezahltes« Lächeln als die deutsche lohnbezogene Muffeligkeit!), sie faltet einem ungerührt mehrere Oberhemden zur Anprobe auseinander, um sie anschließend Nadel für Nadel wieder zusammenzulegen.

Als Kunde fühle ich mich nicht nur als König, ich werde behandelt, als sei ich in dem Augenblick der einzig Anwesende. Das hat einen Grund, hat etwas mit der Mentalität, mit der Dienst-Auffassung zu tun. Wenn in den USA ein Kunde den Laden betritt, sagt sich der Verkäufer: »Da kommt mein Arbeitgeber!« In Deutschland murrt das aus Privatgesprächen und -telefonaten aufgeschreckte Personal: »Da kommt Arbeit!«

Was wir in Deutschland dringend brauchen, ist ein Mentalitätswechsel. Es hat keinen Sinn, etwas »Dienstleistung« zu nennen, was man im tiefsten Inneren angewidert ablehnt. Sprachkosmetik à la Azubi hilft da nichts.

Dienstleistung ist nur dann Dienstleistung, wenn

Dienst wieder als Leistung anerkannt wird. Wenn über die, die das tun, nicht herablassend gespottet wird, sodass man sich als Deutscher natürlich nur noch von Ausländern be-dienen lässt bzw. sich seinen Spargel von Polen stechen und seine Erdbeeren von Usbeken pflücken lässt. Wir schaffen die dringend benötigten und das Sozialsystem rettenden Arbeitsplätze erst dann, wenn Dienen wieder zu einem geachteten Wert wird. So entstand das Jobwunder in den USA. Der Fußballer Jürgen Klinsmann – mit ihm wurde Deutschland 1990 in Rom Weltmeister, was man sich von ihm als neuem Bundestrainer für 2006 erneut erhofft – lebt seit 1999 in Kalifornien. Er erzählt: »Wer einen Job für sechs Dollar die Stunde bei McDonald's oder wo auch immer in der Dienstleistung macht, der wird hier auch respektiert. Ich weiß nicht, ob so etwas auch in Deutschland möglich ist.«

Und Thomas Gottschalk, ebenfalls in Kalifornien lebend, meint: »In Amerika gibt es den Satz nicht: ›Da muss der Staat was machen.‹ In Amerika wissen die Leute, wenn ich es nicht selber packe, hilft mir keiner. In Deutschland sagen die Leute: ›So, jetzt bin ich arbeitslos, wo ist der Staat?‹ In Amerika sagen die Leute: ›Jetzt bin ich arbeitslos, wo kann ich neues Geld verdienen?‹ Es gibt in den USA das Wort Schlechtwettergeld nicht. Es gibt zehn Tage Urlaub.«

Dienst ist eine uralte biblische Tugend, deren

überraschende Aktualität uns herausfordern sollte, auch andere Werte wieder zu entdecken und in unser Handeln und damit in unsere Sprache aufzunehmen: Wagemut, Langmut, Demut, Barmherzigkeit ... Die Krise des Ehrenamtes ist ein deutliches Symptom für die tödliche Lustkrankheit namens Spaßgesellschaft. Man kann das Ehrenamt noch so lange »Ehrenamt« nennen. Wenn man denen, die überhaupt noch freiwillig und kostenfrei etwas tun, die Ehre verweigert, indem man sich selbst ins bequeme Privatleben zurückzieht, braucht man sich über die typisch deutsche Rückzugsmentalität nicht zu wundern. Mit katastrophalen Folgen für die Gesamtgesellschaft.

Zuschauer- und Stimmungsdemokratie

Der Trendforscher Horst Opaschowski fordert geradezu die Abschaffung der Spaßgesellschaft, sonst gehe »die soziale Lebensqualität in Deutschland verloren«. Die Entzauberung der Wertsphären habe zum Verlust verbindlicher Sinnorientierung geführt. Die Spaßgesellschaft sei eine »Folge des Überbordwerfens überkommener Glaubenssätze«. Daraus resultiert eine Privatisierung der Moral und der Verlust gesellschaftlicher Maßstäbe.

Wie sehr solch ein gesellschaftlicher Grundkonsens verloren gegangen ist, zeigen die beiden Grundübel unserer gegenwärtigen Lage. Wir verkommen immer mehr zu einer Zuschauer- und Stimmungsdemokratie.

Oft werde ich gefragt, ob mich als Nachrichtenmann überhaupt noch etwas erschüttern kann. Schließlich geht es bei den meisten Meldungen um Terror und Tod, um Kriege und Katastrophen. In der Tat: Ich wünsche den Zuschauern einen guten Abend, um ihnen dann zwanzig Minuten lang zu sagen, dass es angesichts der Nachrichtenlage eigentlich gar kein guter Abend ist. Noch nicht einmal das Wetter oder die Bundesliga verheißen einen Lichtblick.

Doch, mich haben bestimmte Meldungen erschüttert. Anfänglich habe ich die Agenturen sogar aufgehoben und gesammelt, doch inzwischen gehören auch sie zum traurigen Alltag. Die Tatsache nämlich, dass in unserem ach so sozialen und kommunikativen Wohlstandsland Menschen tagelang, wochenlang, ja sogar jahrelang tot in ihrer Wohnung liegen, bis sie entdeckt werden. Und das nicht nur in irgendwelchen Wohnsilos und Plattenbauten unserer anonymen Hochhauskultur. Selbst auf dem platten Land ist das keine Seltenheit.

Lieber »Lindenstraße« als Nachbarschaft

In unserer gleichgültigen Zuschauergesellschaft haben viele vor lauter Fernsehen die Nahsicht verloren. Viele kennen sich in der »Lindenstraße« besser aus als in ihrer eigenen Nachbarschaft. Und mit Fernsehen meine ich auch das typisch deutsche Phänomen einer umgedeuteten »Weitsicht«: Je weiter der Gegenstand der Empörung entfernt ist, um so intensiver und engagierter unser Einsatz. Manche sind für Länder auf die Straße gegangen, deren Lage sie auf Anhieb auf dem Globus kaum hätten lokalisieren können. Fernsehend sehen viele weg von den Problemen der engsten Umgebung in Familie, Nachbarschaft und am Arbeitsplatz. Vor lauter Fernsehen bekommt die Menschlichkeit das Nachsehen. Auch das ist ein Preis der Globalisierung: Was früher fern war, ist heute nahe. Das Nahe ist uns dabei allerdings fern geworden. Veränderte Wertvorstellungen sind die Folge.

Es entwickelt sich eine fatale Gesellschaft der gleichgültigen Weg-Seher, die selbst bei Gewalt und Randale nicht einschreitet, höchstens mal die Polizei ruft. Ex-ZDF-Chef Dieter Stolte nahm als Beispiel den 1. Mai 2001 in Berlin-Kreuzberg: »Droben auf den Balkonen haben die Anwohner das alljährliche Spektakel in durchaus heiterer Gelassenheit erlebt, als Reality-Show außerhalb des Fernsehens.« Inwieweit, so fragte er, können wir Journalisten dazu beitragen, der gesellschaftspolitischen Rat- und Orientierungslosigkeit abzuhelfen?

Von der Friedensnobelpreisträgerin Mutter Teresa stammt der Satz: »Das Schlimmste sind nicht Pest und Cholera. Das Schlimmste ist, von niemandem beachtet und geliebt zu werden.« Auf die beliebte Fragebogenfrage, was er sich als Kind immer gewünscht und nie bekommen habe, antwortet der Sänger und Moderator Björn Casapietra kurz und bündig: »Eltern, die da sind.« In einem seiner Dramen schildert der Existenzialist und Atheist Jean-Paul Sartre den letzten Weg der zum Tode Verurteilten. Da sagt einer: »Ich wäre so gerne für jemanden nicht überflüssig gewesen.« Viele, vor allem junge Leute, fühlen sich heute überflüssig und nicht gebraucht. Und viele machen sich selbst leider überflüssig, indem sie sich ins Private zurückziehen.

Nicht erst die folgenreiche Krise des Ehrenamtes macht erschreckend deutlich: Immer mehr Menschen haben sich auf die Tribüne zurückgezogen und beobachten aus der Distanz ihres wohligen Logenplatzes die wenigen, die sich noch auf dem Spielfeld abrackern. Und das sind meist dieselben, die sich in Politik und Gesellschaft, in Wirtschaft und Kirche engagieren, im Elternbeirat, im Sportverein, im Betriebsrat, im Arbeitgeberverband. In einigen Regionen, zum Beispiel in Brandenburg, sind verfassungsgemäße Kommunalwahlen gefährdet, weil sich nicht genug Kandidaten finden. Dabei ist Politik nichts anderes als Dienst am Menschen, deshalb heißen die Minister auch Minister (lat.: Diener). Aber wer will noch dienen ... »Viele junge Leute lernen in der Schule die Grundrechte, aber von den Pflichten jedes Menschen und von seiner Verantwortung ist selten die Rede« (Helmut Schmidt).

Weil wir alles wohl geordnet haben, sitzen auf der Tribüne meist die Schiedsrichter, die alles besser wissen und denen da unten schon sagen, wie dumm sie das machen und wie was anders ginge. Geordnet wie beim Fußball: Wird die Nationalmannschaft Vizeweltmeister, dann sind wir es. Fliegt Völlers Elf jedoch in der Vorrunde raus, dann muss Rudi gehen. So haben wir inzwischen unsere ganze Gesellschaft geordnet und wundern uns, dass niemand mehr Verantwortung übernehmen will. Die peinliche Suche nach einem Bundestrainer für unsere bei der EM in Portugal so früh ausgeschiedene Nationalelf ist ein Paradebeispiel. Als sei es eine Beleidigung für bestbezahlte Experten, für den Fußball der Nation Deutschland Verantwortung zu übernehmen.

Was wir brauchen, sind keine Schiedsrichter, sondern Stürmer. Menschen, die sich aufs Spielfeld trauen, die die Ärmel hochkrempeln und sich einmischen. Wir brauchen Hoffnungsträger, keine Bedenkenträger. Leute mit Visionen und Perspektiven. Leute, auf die man sich verlassen kann, denen man vertrauen kann. Wir brauchen keine Angst- und Panikmacher, keine Miesmacher, sondern

Mutmacher. Dieses Land hat genug Gestalten, es braucht Gestalter.

Das sind übrigens auch Menschen, die einer der beiden Gründungsväter der Volksbanken, Friedrich Wilhelm Raiffeisen, Ende des 19. Jahrhunderts im Blick hatte, als er einen neuen Streit statt des üblichen »Parteigetriebes« forderte: »Ein Wettstreit dahingehend, wer in der Nächstenliebe am segensreichsten wirkt.« Aus diesen christlich-pietistischen Wurzeln entstand die geniale Raiffeisen'sche Genossenschaftsbewegung.

Zwischen Rinderwahn und Schweinepest

Die Demoskopen sprechen inzwischen schon nicht mehr von einer Stimmungs-, sondern von einer Erregungsdemokratie. Bisher war ein Wahlergebnis rund sechs Wochen vor dem Termin mit größter Genauigkeit vorherzusagen, weil die Bürger sich auf eine Partei festgelegt hatten und sich durch nichts mehr davon abbringen ließen. War der Wahlkampf bisher genau auf dieses Phänomen hingeplant, so war die Bundestagswahl 2002 der Beweis dieser Erregungsgesellschaft: Die Flut im Osten und der drohende Irakkrieg ließen alle innenpolitischen Probleme und die Prognosen eines sicheren Wahlsiegs der Union mit Edmund Stoiber Makulatur werden. Ähnliches war bei der letzten

Hamburg-Wahl Anfang 2004 zu beobachten, wo von Rot-Grün bis zum absoluten (und eingetroffenen) CDU-Sieg bis Stunden vor Schließung der Wahllokale alles drin war.

Die Stimmungsdemokratie sucht sich ihre stets wechselnden Themen in rasender Geschwindigkeit. Ist man fast schon gezwungen, jedes Jahr einen neuen chemischen Fachbegriff zu lernen, so weiß zwölf Monate später kein Mensch mehr, was da eigentlich der Gegenstand der Erregung war. Formaldehyd, das angeblich Krebs erregende Holzschutzmittel: Und alle rissen die Paneele und Vertäfelungen von den Wänden, um zu überleben. Dioxin: Und die Hobbygärtner gruben ihre Beete um und kauften neuen Mutterboden, um dem sicheren Gifttod zu entgehen. Im Mai 1986 fragte jede Oma beim Spargel- oder Erdbeerenkauf auf dem Wochenmarkt, wie viel Becquerel denn darin sei. Mit der Angst nach Tschernobyl hatte dieses bisher völlig unbekannte Wort Hochkonjunktur.

Dann kam BSE und das deutsche Erregungspotenzial steigerte sich bis zum Kaufboykott. Arme Viecher wurden massenweise umgebracht und die Angst vor der menschenmordenden Seuche trieb Landwirte und Metzger reihenweise in die Pleite. Erst einige Jahre später konnte ein politisch unverdächtiger dpa-Kollege ohne Furcht vor Steinigung schreiben, was nüchterne Statistik immer schon wusste, aber nicht zu sagen wagte: Rein statistisch sind mehr Lastwagenfahrer beim Abtransport der getöteten Rinder bei Verkehrsunfällen umgekommen, als Deutsche je an BSE gestorben wären. Und das Erstaunliche ist ja, dass wir trotz Geflügel- und Schweinepest, trotz Rinderwahn und Klauenseuche, trotz Maden im Fisch, Hormonen im Kalb und Salmonellen-Eiern in Nudeln immer noch leben ...

Doch wer will schon nüchterne Argumente vertrauenswürdiger Wissenschaftler hören, wenn die Stimmung den Ton angibt?! Paradebeispiel war die erregte Debatte um die Vogelgrippe Anfang 2004. Die Medien waren geradezu dankbar, im Hamburger Tropeninstitut wenigstens einen einzigen deutschen Verdachtspatienten aufgetan zu haben, der eventuell im Entferntesten und im weitesten Sinn und ein klein wenig mit dieser schrecklichen Seuche zu tun haben könnte. Wenigstens ein klitzekleiner Verdacht, den man hegen und pflegen konnte, um das Erregungsthema nicht sang- und klanglos nach Asien abwandern zu lassen.

Ein Szenario aus Schauer und Grusel überzog das Land. Denn wo die Fakten dürftig bleiben, sprießt die Spekulation. Wo Unwissenheit herrscht, gedeiht die Hysterie. Die Entwarnungen aller Wissenschaftler wurden so lange in den Wind geschlagen, bis die reißerischen Schlagzeilen sich wirklich nicht mehr halten ließen. Einer der führenden Mikrobiologen versuchte verzweifelt in einem TV-Interview, die Deutschen zum Vertrauen in die seriösen Naturwissenschaften statt in die schrillen, bunten Boulevard-Geschichten zu bewegen ... Doch wer will sich schon durch störende Beweise seine Katastrophenstimmung kaputtmachen lassen?!

Weltmeister im Wehklagen

»50 Jahre nach dem Wirtschaftswunder sind die Deutschen nur noch Weltmeister im Jammern. Warum?«, fragt die »Welt am Sonntag«. Was ist nur mit uns los?! Einst waren wir ein strahlendes Land voller Zuversicht, Hoffnung und Tatendrang. Nun, in Zeiten der Krise, die gegenüber den Nachkriegswirren geradezu harmlos ist, präsentiert sich Deutschland voller Schwäche. Gerade jene Generation, die in die Euphorie des Wirtschaftswunders hineingeboren und mit üppigen Wachstumsraten aufgewachsen ist, verlässt der Mut. Die »New York Times« sieht uns »wie narkotisiert von Jahrzehnten des Wohlergehens«. Und das US-Magazin »Newsweek« porträtiert uns »im scharfen Gegensatz zur historischen Selbstwahrnehmung als einem wilden germanischen Stamm mit teutonischem Mut und alemannischer List«. Geblieben ist ein Volk im Selbstmitleid. Hierzulande Optimist bleiben zu wollen kommt einer Realitätsflucht gleich.

Es stimmt leider: Wir sind Weltmeister im Wehklagen, im Nörgeln und Nölen, im Stöhnen und

Seufzen – und das auf höchstem Niveau. Die regelmäßig weltweit durchgeführte Gallup-Umfrage sieht uns als Spitzenreiter bei Pessimismus und Ängstlichkeit. Bei uns wird alles gleich zur nationalen Katastrophe. Mehltau-Mentalität überzieht das Land von Rostock bis Ruhpolding mit einem Grauschleier. Wir lieben geradezu die Weltuntergangsstimmung. Das Glas scheint immer halb leer. »Irgendwo in Deutschland geht die Welt immer unter« (Otto Schily). Von »german angst« sprechen die Amerikaner, und unsere Nachbarn nennen Angst »typisch deutsch«.

»Niemand spricht so schlecht über sein Land wie wir«, beklagte Bundespräsident Johannes Rau in seiner letzten Berliner Rede (12. Mai 2004). Seine Zukunft bedeute vielen nichts mehr. Jeder brauche jedoch ein positives Bild von sich selbst, auch von seinem Land. Rau nannte Gründe, »sich einzusetzen für unser Vaterland«. Und man fügte im Geist spontan hinzu: ... das wir lieben. Nein, Rau sagte: »... in dem wir gerne leben.« Genau das scheint mir das Problem, weil es einfach zu wenig ist. Unsere nationale Selbstverachtung muss im guten Sinne geheilt werden. Aber man kann und will ja nur etwas heil machen, was man auch liebt. Erfreulich, wie oft und unbekümmert Raus Nachfolger Horst Köhler sagt: »Ich liebe Deutschland.« Warum kommt uns das so schwer über die Lippen? Warum sind wir nur noch empfänglich für Bedenkenträger und Horrorbotschaften? Woher diese fatale Lust am Schwarzmalen, an Häme und Zynismus?

Der Publizist Klaus Rainer Röhl (der frühere Mann der Terroristin Ulrike Meinhoff) nahm die Angst machende Informationsflut einmal im »Focus« auf die Schippe: »Ängste über Ängste in Deutschland. Das geht weit über die einzelnen Wehwehchen hinaus und wird zum kollektiven, apokalyptischen Endzeitgefühl, zum Fünf-Minuten-nach-zwölf-Gefühl. Verfolgt man die Medien, ist alles tot: Atomtod, Strahlentod, Kältetod, Hitzetod, Seuchentod, außerdem: Waldsterben, Walsterben, Schildkrötensterben, Krötensterben ... Gift im Auto, Gift im Abgas, Gift auf dem Fahrrad, Gift ohne Fahrrad, Gift in der Kosmetik, Gift ohne Kosmetik, Gift in der Bionahrung, Gift in der Milch. Gift im Salat. Gift im Spinat. Gift in der Nudel (Giftnudel). Und so weiter und so fort. Gift im Medikament. Sozusagen Gift im Gift.«

Was sich so locker liest, fragt letztlich nach der Rolle der Medien in unserer ängstlichen Erregungsdemokratie und nach den Wirkungen dieser Angst. Angst ist ein schlechter Ratgeber. Auf dem Boden der Angst ist noch nie etwas Gutes gewachsen. Angst lähmt und hemmt, lässt resignieren. Angst fördert die Rückzugsmentalität ins Private, die Flucht in die Sucht einer das Ego befriedigenden Konsumgesellschaft. »Haben wir uns vielleicht selber inzwischen so schlecht geredet, dass wir uns nichts mehr zutrauen? Nähern wir uns nicht gelegentlich einer Art kollektiver Depression?« (Rau)

Angstmacher am Ende

Dabei sind es gerade die Angstmacher selbst, die sich sukzessive von ihren Katastrophenszenarien verabschieden. Während steigende Ozonwerte noch vor einigen Jahren in den Radios wie Frontberichte aufgepumpt wurden, sagte der grüne Umweltminister Trittin während des Jahrhundertsommers 2003 ganz cool: Fahrverbote seien nicht nötig, die Autos hätten ja alle Katalysatoren ...

Inzwischen werden sogar prominente Horroristen wie Petra Kelly oder Franz Alt, die das Sterben des deutschen Waldes als unumkehrbar schilderten, von der eigenen Ökoseite widerlegt. Renate Künast erklärt: »Unsere Wälder sind schöner geworden.« Und das Präsidiumsmitglied des WWF, Josef Reichholf, verlautbart sogar: »Der Wald war nie ernsthaft in Gefahr.«

Nehmen wir einmal den deutschen Schlager, rät Erich Wiedemann in seinem Bestseller »Die deutschen Ängste – Ein Volk in Moll«: »Die Liebe wird verboten«, »Es ist fünf vor Zwölf«, »Mein Freund, der Baum, ist tot«. Die Prognosen der Trallala-Propheten waren in den Wind gesungen. Die »Süddeutsche Zeitung« erinnerte Ende April 2004 an den grün-ökologischen Troubadour Reinhard Mey: »Einst sang er ›Es gibt keine Maikäfer mehr‹, jetzt droht die größte Plage seit 50 Jahren.«

Nicht zu vergessen der als Wissenschaft verbrämte Wahn, die Welt würde durch Überbevölkerung zugrunde gehen. Ganze Expertenrunden und Konferenzen mit namhaften Fachleuten entwickelten ein Horrorszenario vom Überlebenskampf bis zum kollektiven Selbstmord. Inzwischen wissen wir, dass das Wachstum der Weltbevölkerung im Jahr 2040 zum Erliegen kommt. Wir werden bald bedrohlich weniger und nicht mehr Menschen auf dem Globus haben.

Allerdings, so resümiert der Medienexperte Reginald Rudorf, »lässt sich die Masse ungern eine Gefahr ausreden, die sie einmal lieb gewonnen hat«. Und er berichtet über den dänischen Statistikprofessor Björn Lomborh, der bei öffentlichen Auftritten wegen seiner These »Der Erde geht es so gut wie nie zuvor« Begleitschutz braucht.

Die öffentliche, vor allem aber die veröffentlichte Meinung folgt dem katastrophistischen Pessimismus viel bereitwilliger als den Entwarnungen. Helmut Schmidt sagte in einem Interview: »Wir haben heute zu viele Propheten des Pessimismus. Was wir brauchen, sind Propheten des Optimismus.« Doch woher nehmen und nicht stehlen?!

Im Internet kursiert ein Text ohne Autorenname, den der »Stern« in seiner Neujahrsausgabe

2004 in voller Länge und unkommentiert unter dem Motto »Eine Generationengeschichte, so schön und wahr« abdruckte (im Folgenden leicht gekürzt): »Wenn du nach 1978 geboren wurdest, hat das hier nichts mit dir zu tun. Verschwinde! Kinder von heute werden in Watte gepackt. Wenn du als Kind in den 50er-, 60er- oder 70er-Jahren lebtest, ist es zurückblickend kaum zu glauben, dass wir so lange überleben konnten! Als Kinder saßen wir in Autos ohne Sicherheitsgurte und ohne Airbags. Unsere Bettchen waren angemalt in strahlenden Farben voller Blei und Cadmium. Die Fläschchen aus der Apotheke konnten wir ohne Schwierigkeiten öffnen, genauso wie die Flasche mit Bleichmittel. Türen und Schränke waren eine ständige Bedrohung für unsere Fingerchen. Wir tranken Wasser aus Wasserhähnen und nicht aus Flaschen. Wir bauten Wagen aus Seifenkisten und entdeckten während der ersten Fahrt den Hang hinunter, dass wir die Bremsen vergessen hatten. Damit kamen wir nach einigen Unfällen klar. Wir verließen morgens das Haus zum Spielen. Niemand wusste, wo wir waren, und wir hatten nicht mal ein Handy dabei! Wir haben uns geschnitten, brachen Knochen und Zähne und niemand wurde deswegen verklagt. Wir tranken mit unseren Freunden aus einer Flasche und niemand starb an den Folgen. Wir hatten nicht: Playstation, Nintendo 64, X-Box, Videospiele, 64 Fernsehkanäle,

Surround-Sound, eigene Fernseher, Computer, Internet-Chat-Rooms. WIR HATTEN FREUNDE! Wie war das nur möglich?

Wir dachten uns Spiele aus mit Holzstöcken und Tennisbällen. Außerdem aßen wir Würmer. Und die Prophezeiungen trafen nicht ein: Die Würmer lebten nicht in unseren Mägen für immer weiter, und mit den Stöcken stachen wir nicht besonders viele Augen aus. Beim Straßenfußball durfte nur mitmachen, wer gut war. Wer nicht gut war, musste lernen, mit Enttäuschungen klarzukommen. Manche Schüler waren nicht so schlau wie andere. Sie rasselten durch Prüfungen und wiederholten Klassen. Das führte nicht zu emotionalen Elternabenden oder gar zur Änderung der Leistungsbewertung. Unsere Taten hatten manchmal Konsequenzen. Und keiner konnte sich verstecken. Wenn einer von uns gegen das Gesetz verstoßen hatte, war klar, dass die Eltern ihn nicht aus dem Schlamassel heraushauten. Im Gegenteil: Sie waren der gleichen Meinung wie die Polizei! So etwas!

Unsere Generation hat eine Fülle von innovativen Problemlösern und Erfindern mit Risikobereitschaft hervorgebracht. Wir hatten Freiheit, Misserfolg, Erfolg und Verantwortung. Mit alldem wussten wir umzugehen. Und du gehörst auch dazu. Herzlichen Glückwunsch!«

Informieren wir uns zu Tode?

Mit seinem Bestseller »Wir amüsieren uns zu Tode« hat der amerikanische Kommunikationswissenschaftler Neil Postman geradezu prophetisch den schier unaufhaltsamen Weg in die Spaßgesellschaft beschrieben. Alles pervertiert zur Unterhaltung, nichts behält mehr seinen notwendigen Ernst. Politik und Kirche haben dafür bereits bitter büßen müssen. Die Leute laufen davon, wenn alles nur noch mit dem Unterton leichtfertiger Beliebigkeit banalisiert wird.

Zur Eröffnung der Frankfurter Buchmesse setzte Postman noch eins drauf, sozusagen die Folge der inzwischen eingetretenen Infotainment-Unkultur: »Wir informieren uns zu Tode« (»ZEIT«, Oktober 1992). Unsere Informationsgesellschaft, so seine These, ist an kulturellem AIDS erkrankt. Unser Immunsystem wird mit der Flut hereinbrechender Informationen nicht mehr fertig. Sie kommen über uns, ohne dass wir uns wehren, dass wir sie eindämmen oder kontrollieren können.

War früher die Information eine Art von Wissenserweiterung, um Probleme des Alltags lösen zu können, so bekommen wir heute die Informationen »ohne Kontext«, sie haben keinen sichtbaren Nutzen mehr. Im Gegenteil: Sie schaffen häufig erst die Probleme und Ängste, die sie doch eigentlich abschaffen helfen sollten. Die Flut der Katastrophenmeldungen lässt den Konsumenten hilf- und ratlos zurück: Was soll und kann er schon dagegen tun? Er wendet sich darum umso heftiger der Pflege seines Selbst zu und zieht sich ängstlich zurück. »Ein eigenartiger Egoismus herrscht in der Informationsgesellschaft« (Postman), die viele bereits über-informiert nennen.

Nachrichten zum Nach-Richten

Der Soziologe Postman überrascht weniger mit seiner Diagnose als mit seiner Therapie: Wir brauchen nicht noch mehr Informationen, sondern vielmehr Erzählungen, die einen Verstehensrahmen liefern, um mit der Informationsflut ordnend umgehen zu können. Während der Mensch des Mittelalters ein festes Weltbild hatte, das sein Leben ordnete, haben wir »keine kohärente Vorstellung von uns selbst, von unserem Universum und von unserer Beziehung zueinander und zu unserer Welt mehr«.

Ohne Weltbild kann man aber Informationen nicht ordnen und bewerten. Wir haben verlernt zu beurteilen, was wahr oder falsch, gut oder schlecht, wichtig oder nebensächlich, nützlich oder schädlich, lebensfördernd oder Leben zerstörend ist. Ohnmächtig und hilflos halten wir alles für möglich. Das führt unter anderem zu einer »lupenhaften Vergrößerung des Banalen« (Roman Herzog), ja zu einer tragisch wachsenden Begeisterung für das Primitive, den »Trash«. Bereits 1943 notierte Dietrich Bonhoeffer den Satz: »Wir stehen mitten in dem Prozess der Verpöbelung in allen Gesellschaftsschichten.«

Wie zur Zeit des Alten Testamentes, in der eine Generation der anderen weitergab, was im Leben wirklich wichtig ist, brauchen wir Erzählungen. Damit meint Postman »eine Geschichte über die Geschichte der Menschheit, die der Vergangenheit Bedeutung zuschreibt, die Gegenwart erklärt und für die Zukunft Orientierung liefert«.

Solche Erzählungen habe früher eben der Glaube bereitgestellt.

Wir brauchen wieder Nachrichten zum Nach-Richten. Informationen, die uns »in Form« bringen. Die den Menschen nicht uniform machen in Denken und Handeln, sondern lebenstüchtig und konkurrenzfähig, wie ein Fußballtrainer seine Mannschaft in Form bringt. Information heißt denn auch, dem Menschen zu helfen, Gutes von Bösem zu unterscheiden und das Gute nachahmenswert erscheinen zu lassen. Unsere oberflächliche Spaßgesellschaft braucht statt Unterhaltung, Zerstreuung und Ablenkung wieder Nachrichten und Informationen, die ihren Namen verdienen.

Wir müssen wohl wieder zu Gott und zu seinem Wort, der Gebrauchsanweisung für das Leben, umkehren, wenn wir weiterkommen wollen. Der Journalist Christian Nürnberger, eher ein Agnostiker, schreibt von solchen Erzählungen, solchen Geschichten in einem autobiografischen Abriss (»Salzkorn« 1/2002): »... an langen Winterabenden, an denen Bauern Zeit haben, erzählte mir meine Mutter drei Sorten von Geschichten: unwahre, halb wahre und wahre. Ich hörte alle drei Sorten gleichermaßen gern. Die Märchen waren am unterhaltsamsten. Aber es ließ sich im Leben nicht viel mit ihnen anfangen. Die Sagen und Legenden schärften den Geist, denn sie beschäftigten mich mit der Frage, was daran wohl wahr und was unwahr sein könnte. Die biblischen Geschichten aber, die machten mich fit fürs Leben, ohne dass ich es merkte.«

Bundespräsident Köhler berichtet, dass ihm sein Konfirmationsspruch »Gott lädt uns eine Last auf, aber er hilft uns auch« (Psalm 68,20) in schwierigen Situationen immer wieder geholfen hat. Das »Grundvertrauen in Gott« habe ihm seine Mutter vermittelt. »Gott ist für mich wichtig. Es ist gut, wenn die Menschen einen Anker haben, der tiefer reicht als die Frage nach dem neuen Auto.«

Wie wichtig eine religiöse Kindererziehung für die Zukunft ist, ermittelten 150 Experten bei einer wissenschaftlichen Tagung der Stiftung Ravensburger Verlag. Kinder gläubiger Eltern sind in ihrem späteren Leben gut vor Orientierungslosigkeit geschützt und können Krisen besser meistern, heißt es. Rituale wie das Abendgebet vor dem Einschlafen stabilisieren die Kinder emotional. Nicht unterschätzt werden dürfen die Großeltern als Vertrauenspersonen und Vorbilder für den Glauben. Dazu gehört auch das Vertrauen in die Bibel.

Dietrich Bonhoeffer, der tapfere Theologe des Widerstandes und Märtyrer des Dritten Reiches, schreibt vor seiner Hinrichtung aus dem Gefängnis: »Ich glaube, dass die Bibel allein die Antwort auf alle unsere Fragen ist. Sie wird mir täglich wunderbarer. Es bleibt also nichts als die Entscheidung, ob wir dem Wort der Bibel trauen wollen wie keinem anderen Wort im Leben und im Sterben. Und ich glaube, wir werden erst dann recht froh und ruhig werden können, wenn wir diese Entscheidung getroffen haben.«

Leben mit dem Power-Buch

Fit fürs Leben – genau darum geht es, wenn wir nach den verlorenen Jahren einer oberflächlichen Spaßgesellschaft die Gegenwart meistern und die Zukunft gewinnen wollen. Doch was soll dabei die Bibel, jenes uralte Buch aus längst vergangener Zeit?! Kann sie für einen kritischen Zeitgenossen überhaupt noch Bedeutung und Bestand haben? Ist die Bibel nicht ein Instrument religiös-manipulativer Meinungsmache, ein überholter Ladenhüter?

Das Lifestyle-Magazin »Elle« schreibt: »Und siehe, sie ist wieder da: Die Bibel, das Powerbuch, feiert ein wundersames Comeback. Gerade jungen Leuten offenbart sich die Heilige Schrift als göttlicher Lesestoff.« Und der »Spiegel« rühmt im »Jahr der Bibel 2002«, dass es sich beim Buch der Bücher »um ein Werk voller Saft und Kraft, voller Lust und Leid handelt«. Die Zeitschrift »TV – Hören und Sehen« zitiert einen Motivationstrainer und Unternehmensberater: »Der Wanderprediger Jesus aus Nazareth wurde zum Begründer einer Weltreligion, weil sich sein inneres Feuer wie ein Flächenbrand verbreitete. Seine Redekunst war überragend, die Bergpredigt ist ein rhetorisches Meisterwerk. Seine Botschaft der Nächstenliebe leitete ein neues Zeitalter ein. Fazit: Bibel lesen!«

Die liberale »Zeit« widmet der Bibel eine Titelseite (27. März 2002) mit der dicken Überschrift: »Das Buch der Bücher ist der Schlüssel zu Literatur, Musik und Malerei. Auch zum Bioethikstreit« und kommt zu dem Schluss: »Die Bibel ist das Buch, ohne das man nichts versteht.« Das gilt für das Begreifen unserer Geschichte und Kultur genauso wie für die Debatte der aktuellen Themen von Wissenschaftsethik bis Sterbehilfe.

Die Bibel bietet Informationen über die Tagesaktualiät hinaus. Nachrichten zum Nach-Richten, zum Aus- und Aufrichten. Nur der richtet in unserer verworrenen und vergänglichen Zeit etwas aus, der sich nach dieser ewigen Botschaft ausrichtet. In einer Welt der leeren Worte und falschen Versprechungen sehnen sich die Menschen nach Verheißungen, auf die Verlass ist. Wert-Worte, Wahrheit, Weisheit, Worte des Lebens. Keiner will sich mehr mit religiösen Leckerbissen abspeisen lassen. Wir brauchen Lebensbrot, nachhaltige Lebensmittel. Gottes Wort und Wille sind Mittel zum Leben, echte Lebenshilfe.

In diesem Power-Buch steckt Dynamit. Eine Kraft, die Leben und Welt verändern will. Und zwar radikal, an die Wurzeln (lat. radix) gehend. Wer in der Bibel liest, wird nicht für dumm verkauft. Er steht auf dem Boden der Tatsachen. Hier geht es um Geschichte, nicht um Geschichten. Deshalb steckt hinter diesem Buch voller Fakten, Fakten, Fakten immer ein kluger Kopf.

Kein Buch ist so nah am Menschen. Die Bibel macht Gott groß, ohne den Menschen klein zu machen. Das ist ohne Beispiel in den Weltreligionen.

Spannender als Harry Potter

Der Hunger nach Worten der Wahrheit in einer Welt von Lüge und Manipulation ist riesengroß. Was bleibt, wenn alles vergeht? Worauf ist Verlass? Wir sehnen uns in Zeiten der Verführung nach Führung, nach glaubwürdiger Autorität. In Zeiten, wo das Reden zum Gerede und das Tun zum Getue wird, ist das Echte gefragt.

Viele entdecken die Bibel ganz neu als Trost- und Kursbuch. Als Kraftquelle und Energiereserve. Als Maßstab und Mutmacher. Doch aus dem Lesebuch muss ein Lebensbuch werden. Unser Glaube muss unserem Alltagsleben Gestalt geben. Wir brauchen Vorbilder, keine Vorschriften. Menschen, die überzeugende Werbeträger für die beste Nachricht der Welt sind. Die Nachrichten von heute sind bereits morgen von gestern. Die Botschaft der Bibel bleibt auf der aktuellen Tagesordnung. Davon muss man etwas sehen, etwas erleben.

Es gibt ein Menschenrecht, das Evangelium zu hören. Die gute Botschaft, dass Gott uns liebt, dass er uns in Jesus Christus ganz nahe gekommen ist, dass es keine hoffnungslosen Fälle und ausweglosen Situationen gibt. Weil Jesus als Wort Gottes zu uns Menschen kam, sollen wir mit Gottes Wort zu den Menschen gehen. Wem der Himmel gewiss ist, dem kann die Erde nicht gleichgültig sein.

Diese Gedanken sind alles andere als ein frommer Ausflug in höhere Sphären, vom Alltag weg in den Sonntag. Hier geht es um die Mitte unserer Existenz, um Über-Lebens-Fragen. Kurz vor ihrem Krebstod trat Hildegard Knef in einer TV-Talkshow auf. Die Berliner Schauspielerin, die es als eine der wenigen in Hollywood wirklich zu Weltruhm gebracht hat, hat beide Seiten des Lebens dramatisch erfahren: den Starruhm einer Diva und die Bitterkeit von Krankheit und Sterben. Nachdenklich meinte sie: »Die Welt ist geschwätzig und vorlaut, solange es gut geht. Nur wenn jemand krank ist oder stirbt, wird sie verlegen. Dann weiß sie nichts mehr zu sagen. Genau an dem Punkt, wo die Welt schweigt, richtet die Kirche eine Botschaft auf. Ich liebe die Kirche um dieser Botschaft willen.« An der letzten Grenze des Lebens, wo letzter Ernst gefragt ist, muss die Spaßgesellschaft kapitulieren.

Ich erlebe immer weniger Menschen, die über den Glauben spotten und über Gläubige lästern. Vielen ist das Lachen längst vergangen, weil sich als vergänglich erwies, auf was sie bauen wollten. Noch einmal Kierkegaard: »Ein Spießbürger ist, wer ein absolutes Verhältnis zu relativen Dingen hat.« Doch wer die Bibel liest und lebt, steht auf sicherem Fundament. Die Bibel ist stabil, gibt Profil und macht mobil. Wohl dem, der diesen Standpunkt hat. So wird das Leben zum Tatort.

Dieses Buch ist ja alles andere als langweilig. Die uralte Bibel ist allemal spannender als der neue Harry Potter. Das Lesen der Bibel und das Leben aus der Bibel machen unseren Alltag reich. Das kann übrigens bis hin zum Konto gehen: Keine Quizshow von Günther Jauch oder Jörg Pilawa, in der es nicht Fragen aus dem Buch der Bücher gibt. Da haben manche wegen Unvermögen schon ein Vermögen verspielt ...

Täglich ein Wort aus der Bibel, ein paar Minuten stilles Abschalten vom Alltag können dem Leben neue Energie geben.* Der junge Autor des Bestsellers »Der fröhliche Nichtraucher«, Alexander von Schönburg, wurde in der »Focus«-Gästeliste (49/2003) gefragt, welche sechs Dinge ein Leben preiswert verschönern. Neben Schlafen und Bewegung riet er: »Beginnen und beenden Sie jeden Tag im Gebet vor Gott, das schafft Gelassenheit und Selbstsicherheit.«

Bestimmung durch Besinnung

Genau diese sichere Gelassenheit ist uns verloren gegangen. Im Blick auf den Drogenkonsum als Schattenseite unserer Spaßgesellschaft schreibt die in Kulmbach erscheinende »Bayerische Rundschau« (26.4.2001): »Das Leben sollte eine einzige Party sein. Doch hinter der lockeren Fassade der Spaßgesellschaft verbirgt sich tiefe Angst. Ständig gut drauf sein zu müssen, das hält keiner aus. Bloß nicht zur Besinnung kommen! Bleierne Gedanken drohen vor allem, die Freizeit zu verdüstern. Wer keinen Halt findet, flüchtet deshalb oft in den Rausch ... Die große Party endet im Katzenjammer.«

---

* Siehe auch den Hinweis am Schluss des Buches.

Drogen und Alkohol, aber auch die Flucht in Überstunden und Hyperaktivität bis zur Besinnungslosigkeit sind allenfalls Ablenkungsmanöver, die allerdings im wahrsten Sinn zum teuren Spaß werden. Wir müssen uns besinnen, denn ohne Besinnung finden wir keine Bestimmung. Ohne Werte sind wir wertlos.

Der hektische Wechsel von Themen, Thesen und Tagesordnung unserer schnelllebigen Spaßgesellschaft lässt kaum Raum für Besinnung, zur Ruhe und zu sich selbst kommen. Man pflegt den Stress und hegt die Hektik. Der Mensch hat Angst vor einer Pause, weil er in der Stille nur die innere Leere hört. Viele sind Opfer eines Zeitinfarktes. Ständig nervös, völlig überdreht, oft gereizt. Wir leben unter dem Diktat der Eile. Wir brauchen das Tempo, denn Zeitdruck lenkt ab.

Unsere Welt dreht sich immer schneller. Innerhalb weniger Jahre ereignen sich ganze Epochensprünge, die Wendezeit 1989/90 ist nur ein Beispiel. Das Wissen der Menschheit verdoppelt sich alle vier Jahre. Innovationen und Modetrends haben eine immer kleinere Halbwertzeit. Die beschleunigte Welt lässt keine Zeit mehr zum Durchatmen.

Die ichbezogene Spaßkultur hat als Symbol den Schnellgang. Unsere Highspeed-Generation der ständigen Temposteigerung kann mit Geduld, Besinnung und Stille nichts mehr anfangen. Dabei mahnte schon Erich Kästner hintersinnig: »Denkt an das fünfte Gebot: Schlagt eure Zeit nicht tot!« In unserer beschleunigten Zeit wächst die Sehnsucht nach Entschleunigung. Der Ansturm gerade von Führungskräften auf Klöster, Besinnungstage und Einkehrfreizeiten spricht Bände. Über den Finanzplatz New York berichtet die Nachrichtenagentur UPI, dass immer mehr gebildete Führungskräfte und junge Akademikerfamilien in die traditionellen Kirchen und Synagogen strömen. Dasselbe beobachten wir in Deutschland. Erschöpft vom Fluch der Eile, wird der Segen der Zeit gesucht. Bei all dem oberflächlichen Spaß wird der tief greifende Ernst vermisst. Der notorische Unernst macht uns selbst, ja unsere ganze Gesellschaft schwach und wehrlos.

Lebenslüge Spaßgesellschaft

So banal das klingt: Eine der gefährlichsten Wirkungen unserer Spaßgesellschaft ist der Verlust des Ernstes. Solange alle Welt dabei ist, sich (alles Negativworte!) zu unter-halten, sich ab-zulenken, sich zu zer-streuen und notfalls alles lustig zu finden, bleibt für ernste Dinge kein Raum. Damit hindert die Spaßkultur das Nachdenken über das, was wirklich wichtig ist. Denn ernsthafte Themen vertragen keine witzige Verpackung.

Bei den Mainzer Tagen der Fernsehkritik unter dem Motto »Fernsehen für die Spaßgesellschaft« beklagte der frühere ZDF-Intendant Dieter Stolte: »Wir leben in einer Zeit der Zerstreuung und wir leben durch Unterhaltungsangebote häufig nicht nur zerstreut, sondern auch verstreut: jeder vor sich hin, jeder mit einem anderen Programm, einem anderen Ziel, ohne gemeinsames Zentrum, folglich auch ohne Zusammenhang.« Dieser Verlust einer bindenden Mitte ist auch ein Verlust der gemeinsamen Sache und auch des Ernstes, sich mit Stil und Würde einer Sache anzunehmen.

Nicht der Spaß an etwas Schönem oder Lustbringendem ist ja das Problem, sondern der verselbstständigte Spaß an sich, der Spaß um des Spaßes willen. Kein Mensch verlangt, asketisch dem Spaß abzuschwören. Es geht vielmehr um eine Absage an den Spaß um jeden Preis, nicht an jenen Spaß, der zu unserem ganz normalen psychischen Haushalt und auch zum lockeren Umgang mit unseren Mitmenschen gehört. Spaß und Ernst sind, richtig dosiert, keine Gegensätze. Dieter Stolte spricht davon, dass (wie im deutschen Rundfunksystem) auch unser Innerstes eine Art duales System aus Hirnzellen und Lachmuskeln, aus Ratio und Emotion ist.

Bei der kategorischen Kritik an der Spaßgesellschaft, auch in diesem Buch, geht es nicht um eine Geschmacksfrage unter Humorlosen. Es geht ganz grundsätzlich um die Frage nach dem Wirklichkeitsverständnis und dem Wertegefüge unserer Gesellschaft. Und diese Frage ist alles andere als altmodisch. »Eigentlich habe ich mir immer eine Spaßgesellschaft gewünscht«, sagt Harald Schmidt. »Dass es dann so spaßig werden würde, erschreckt mich jetzt doch etwas.«

Die Lebenslüge der Spaßgesellschaft liegt ja darin, Inhalte durch Kommunikation zu ersetzen. Politik und Werbung leben exemplarisch davon, und das gar nicht mal so schlecht. Umso stärker ist in unseren unsicheren Zeiten der Ruf nach dem Echten, nach Wahrheit, Glaubwürdigkeit, Verlässlichkeit. Wenn die Spaßgesellschaft geht, kommt dieses Wertegefüge wieder zurück.

Ernsthaftigkeit (nicht Freudlosigkeit!) sollte wieder über die Belanglosigkeit triumphieren, die Würde über die Ironie, die Realität über das Getue. Wir brauchen einen Paradigmenwechsel in der Kultur. Viele haben vom Lachen genug. »Die Kultur muss wieder mit Leben erfüllt werden« (»ZEIT«).

Die Rolle der Medien dürfte bei unserem Gesamtthema nicht unerheblich sein.* Auch bei der Entwicklung zur Zuschauer- und Stimmungsdemokratie, zu einer die Tiefe meidenden und an der

---

* Dazu mehr bei Peter Hahne: »Macht der Manipulation. Über Menschen, Medien und Meinungsmacher«, Hänssler-Verlag.

Oberfläche ängstlich erregten Gesellschaft. »Möglicherweise ist die Spaßgesellschaft nicht nur der Gegensatz zur Katastrophen-Gesellschaft, sondern vielleicht sogar deren Auslöser, ja Ursache. Fragen wir aber weiter, worin die Spaßgesellschaft ihrerseits ihre Ursache hat, so werden wir nicht um die Frage herumkommen, inwieweit die Medien hierbei ein Mitverursacher sind« (Stolte).

Beim Spaß liegt der Ernst übrigens gleich unter der Oberfläche. Vergnügen in unserer Erlebnisgesellschaft ist harte Arbeit, will man die zunehmenden Unsicherheiten und Enttäuschungen durch Coolness, Mitfeiern und Mitlachen kompensieren.

Scheitern verboten

Die Spaßgesellschaft verträgt keine Misserfolge. Wehe, wenn der Spaß ausbleibt. In der Ego-Gesellschaft wird jeder Aufschub von vermeintlichen Glücksmomenten als persönliche Kränkung empfunden, als Sabotage an der Selbstverwirklichung. Leute, die sich mit Verlierern identifizieren, haben es schwer. Wo alles lustig sein muss, haben Zyniker Konjunktur.

Karriere und Reichtum drücken unserer Spaßgesellschaft den Stempel auf. Bücher, die den Verdienst der ersten Million binnen kürzester Zeit versprechen, haben Hochkonjunktur. Beruflicher Erfolg ist programmiert, Scheitern noch nicht einmal kalkuliert. Dabei produziert der heutige Konkurrenzdruck doch geradezu für die Gewinner die Verlierer.

Unternehmensstrategen und Managementseminare sprechen nur über Wege zum Erfolg, zu Karriere und Wohlstand. Wie man mit Niederlagen umgeht und wie man mit Krisen fertig wird, darüber redet kein Mensch. Das passt auch nicht in unsere Fun-Kultur, in der man immer obenauf sein muss. Dabei besteht rund 50 Prozent der Arbeit in Führungspositionen aus Misserfolgen. Obwohl Erfolg und Niederlage so eng beieinander liegen, gehört das Scheitern zu den großen Tabuthemen unserer Hochglanzgesellschaft. Immer gut drauf sein, wer kann das schon ...

»Die Karrieren von heute zeigen alle ein und dieselbe Kurve: rapider anfänglicher Aufstieg, dann die Horizontale, allmählicher Abstieg bis zu den Tiefen des Scheiterns« (Franz Josef Wagner in »Welt am Sonntag«). In einem Aufsatzwettbewerb zum Thema »Eltern« schreibt ein 17-Jähriger: »Ein dickes Bankkonto, zwei Autos, ein Landhaus und eine Jacht ... Mein Vater ist die Leiter des Erfolges hochgeklettert und musste erkennen, dass sie nirgendwohin führt – man muss nur immer weiterklettern. Jetzt bekommt er Angst. Er leidet unter Depressionen und sein Alter macht sich bemerkbar.

Auf dem Gipfelpunkt des Ruhms ist er ein gebeugter, verbrauchter, alter Mann. Ich will nicht so werden wie mein Vater!« Ein anderer Schüler schreibt: »Meine Eltern sind desillusioniert und verbittert. Insgeheim wissen sie, wie wenig sie von ihrem Leben gehabt haben. Mein Vater lebt sein Leben nicht, er kalkuliert es. Er addiert und subtrahiert und investiert mit verzweifeltem Blick.«

Einer der führenden Unternehmensberater, Topadresse im deutschsprachigen Raum für die Spitzenmanager großer Konzerne, berichtet von einem Vorstandsmitglied, den er nach seinem Lebensziel fragte. »Vorstandsvorsitzender«, war die Antwort. Darauf der Berater: »Ich kenne einige, die diese Position erreicht haben und ganz oben auf der Leiter angekommen sind. Da oben ist ein kleines Schild angebracht, das nur die lesen können, die eben ganz oben angekommen sind.« Ob er ihm den Inhalt nicht verraten könne. Ausnahmsweise: Auf diesem Schildchen steht: »Hier ist das Ende der Leiter.« Dass Karriereziele begrenzt sind und das Leben nicht nur aus Spaß besteht, das wollen wir nicht wahrhaben. Ohnmacht und Schwäche sind Fremdwörter für die strahlende Fassaden-Kultur.

Ein Wirtschaftsprofessor aus den USA bat seine Studenten, eine Woche lang mit folgender Übung zu leben: »Nehmen Sie an, Sie hätten nur noch dieses eine Semester hier an der Uni zu leben. Führen Sie Tagebuch, wie Sie es verbringen.« Es tauchten plötzlich

Werte auf, die vorher unbekannt waren. Die Studenten schrieben und besuchten ihre Eltern, versöhnten sich mit Geschwistern und Freunden, hatten einen völlig veränderten Umgang miteinander. Werte wie Liebe und Dankbarkeit und das, was ein Leben wirklich reich macht, wurden zur Hauptsache. Alles bekam einen neuen Wert, weil man die Dinge plötzlich vom Ende her betrachtete.

Doch wir opfern heute die Gesundheit der Karriere, um einen Haufen Geld zu verdienen, um dann in der zweiten Hälfte unseres Lebens einen Haufen Geld zu opfern, um uns unsere Gesundheit zurückzuverdienen. Für den Erfolg opfern wir das, was man durch keinen Erfolg bezahlen kann.

Als »Schutzmechanismus« gegen seine tolle Karriere geht ein mir bekannter Unternehmer einmal im Monat bewusst auf eine Beerdigung. Er hatte an einem Seminar teilgenommen, auf dem der Trainer eines Abends die Aufgabe verteilte: »Schreiben Sie in der kommenden Nacht mal ihren eigenen Nachruf.« Es sei ein Offenbarungseid dabei herausgekommen. Auf dem Friedhof wird ihm immer wieder der Rat der Psalmen (90,12) vor Augen gestellt: »Herr, lehre uns bedenken, dass wir sterben müssen, auf dass wir klug werden.« Und klug werden im Sinne der Bibel heißt: Gott in die Rechnung seines Lebens einkalkulieren. Die wichtigste Managementaufgabe unseres Alltags!

Scheinwelt ohne Leiden

Die Spaßgesellschaft blendet nicht nur Missgeschick und Misserfolg aus, sondern auch jede Form von Leid, Behinderung und Schwäche. Wer nicht mithalten kann, der stört und muss weg. Ein Paradebeispiel ist der Umgang mit Papst Johannes Paul II. Immer wieder wird spekuliert und geraten, dass ein so alter, kranker und geschwächter Mann doch eigentlich in den Ruhestand gehört. Zuletzt ganz unverhohlen beim Staatsbesuch in der Schweiz im Juni 2004. Dabei ist weniger Mitleid das Motiv als die Erkenntnis, dass dieser geschwächte Körper der medienverwöhnten Öffentlichkeit unserer strahlenden Spaßgesellschaft doch nicht mehr zuzumuten ist.

Ein persönlicher Freund des Papstes, der polnische Filmregisseur Krysztof Zanussi, gibt in der italienischen Tageszeitung »Corriere della Sera« zu bedenken, dass es in der orthodoxen Kirche völlig undenkbar sei, »die Gestalt eines weisen Alten auf diese Weise öffentlich zu verhandeln. Hier entstellt westlicher Pragmatismus das Problem.«

Und wie sieht dieser Pragmatismus aus? Klar ist, der Papst ist nicht sexy. Er ist ein Skandal. Er ist ein Behinderter. Als Behinderter stellt er sich über dem schönen Petersplatz der »schönen neuen Welt« entgegen. Der Welt, in der gegen Reiseveranstalter geklagt wird, die es wagen, dass uns in unserem Urlaub Behinderte überhaupt nur von Ferne begegnen, weil das doch unserem Wohlbefinden schadet. Der Welt des tulpengeschmückten Holland, wo fast die Hälfte der Euthanasietoten mittlerweile auf Wunsch der schmerzerfüllten Erben von ihrem Leiden erlöst werden ... Während in Deutschland für »Patientenverfügungen« geworben wird, versichern sich in Holland die Senioren bereits gegen ärztliche Eingriffe zum Nachteil ihres Lebens.

Damit negiert unsere Spaßgesellschaft in hochmütiger Selbstüberschätzung einen wichtigen Teil unserer Existenz. Und damit bringt sie uns um eine heilsame Chance, die der jüdische Psychotherapeut Victor E. Frankl, der die Schrecken des Dritten Reiches überlebt hat, so beschreibt: »Das Leiden macht den Menschen hellsichtig und die Welt durchsichtig.«

Erst die Erfahrung von Leid und Enttäuschung entlarvt diese Welt als vergängliches Blendwerk. Selbst das größte Glück, die beste Gesundheit und die höchste Stufe der Karriereleiter haben irgendwann ihr Ende. »Wir dürfen die Mittel zum Leben nicht mit der Lebensmitte verwechseln«, meint der russische Philosoph Berdjajew. Um diese Erkenntnis betrügt uns die Spaßgesellschaft. Nie habe ich die Schickimicki-Szene ratloser erlebt als bei Schicksalsschlägen, Krankheit und Sterben. Dann wird offenbar, dass hinter dem Blattgold der Scheinwelt nichts Echtes steckt. Voraussetzung für

Lebensglück und Lebensfreude ist jedoch die Fähigkeit, Leid und Traurigkeit standzuhalten.

Ein bisschen Spaß muss sein. Doch wer Spaß haben will, braucht Zeit und Geld. Ersteres ist im kollektiven Freizeitpark Deutschland im Übermaß vorhanden. Doch wer nicht über das notwendige Kapital verfügt, um sich fortwährend zu amüsieren, wer nicht dauernd mithalten kann, gerät in die Isolation. Mit dem Anwachsen der Ansprüche nimmt auch die Einsamkeit zu. Wer den Kaufrausch miterlebt, ohne daran teilnehmen zu können, verfällt schnell in Depressionen. Verzicht ist kein Modewort unserer Konsumgesellschaft.

Ein Unternehmensberater meinte aus seiner jahrzehntelangen Berufserfahrung heraus, an dem Sprichwort sei schon viel Wahres dran: »Wen die Götter zerstören wollen, dem schicken sie 30 Jahre Erfolg.« Wer durch Niederlagen gegangen ist, der weiß, dass ein echter Erfolg nicht mit Haben, sondern mit Sein zu tun hat. Der weiß auch, dass es keinen Spaß, wohl aber Freude im Leide gibt. Spaß ist ein oberflächlich-vergängliches Gefühl, Freude jedoch eine Grundhaltung mit Tiefendimension.

Wenn das Leben auf Freude programmiert ist, können Niederlagen einen nicht niederlegen. Denn echte Freude als tragende Lebenseinstellung ist das Ergebnis von Sinn und innerem Frieden. Im Bild gesagt: Wer in sein Auto einen Fingerhut voll Benzin füllt, erlebt ein kurzes, stotterndes Aufheulen des Motors, mehr nicht. Das ist Spaß. Freude dagegen ist wie ein randvoller Tank, der bis ans Ziel reicht. Der Glaube ist zwar keine Leidverhinderungs-Versicherung, keine Schutzimpfung gegen Not und Sorgen des Alltags. Und doch setzt er Kräfte frei, mit dem Leid fertig zu werden, bevor es uns fertig macht.*

Von der Ich-AG zur GmbH

Zu den Merkwürdigkeiten deutscher Politik in rotgrünen Farben gehörte es, dass ausgerechnet das Synonym für den gesellschaftlichen Zerfall zum Slogan für Arbeitsplatzbeschaffung wurde. Während unter uns der Egoismus triumphiert und Werbepsychologen unsere Zeitgenossen als »egoman um sich selbst drehend« bezeichnen und daran ihre Strategien ausrichten, wirbt die Nürnberger Bundesagentur für Arbeit unter dem Etikett »Ich-AG« für neue Selbstständigkeit. Kein Wunder, dass auch dieses Programm zum Flop wurde.

»Ich-AG« kennzeichnet haargenau die Misere unserer oberflächlichen Spaßgesellschaft. Der »Tanz ums goldene Selbst« hat uns den Schwung genommen. Und nicht nur den Konjunkturschwung. Mir

---

* Mehr zum Thema in Peter Hahnes Taschenbuch »Leid – Warum lässt Gott das zu?«, Hänssler-Verlag.

kommt es so vor, als sei bei allzu vielen Menschen der Lebensschwung weg. Unsere Zeit ist gekennzeichnet vom Pendelschlag zwischen Erwartung und Enttäuschung, immer von einem Extrem zum anderen. Die großen Hoffnungen, die wir uns machen, zerplatzen an den scharfen Kanten der Realität. Wir hoffen, dass uns das Leben gelingt. Wir hoffen auf eine gut dotierte Karriere und auf wohlgeratene Kinder. Wir hoffen auf glückliches Familienleben und einen agilen Ruhestand. Und irgendwann fragen wir mit fiebernden Lippen: Herr Doktor, habe ich noch Hoffnung ...

Wenn unser Leben und mit ihm unsere ganze Gesellschaft gelingen soll, dann muss unsere Erwartung immer größer sein als unsere Erinnerung, dann muss unsere Hoffnung immer größer sein als unsere Sorge. Der Schriftsteller und Pionier des Journalismus, Matthias Claudius, hat also Recht: Etwas Festes muss der Mensch haben. Die Höhenflüge seiner Lebensziele kann man nicht auf Sand bauen.

Erst recht nicht auf den Sand einer Spaß-, Stimmungs- und Zuschauergesellschaft. Deshalb: Weg mit der Wohlfühl- und Kuschelkultur, in der nur das getan wird, was Spaß macht und Lust bringt. Wo nur der das Sagen hat, der gerade »in«, modern und zeit(geist)gemäß ist oder sich in den Talkshows am besten verkaufen kann. Hin zu einer Gesellschaft, die sich ihrer Werte besinnt, die noch rechtzeitig innehält und den Ausverkauf der letzten Tabus und den Verfall der Normen als Verlust ihrer Identität erkennt. »Es ist ungleich besser, beizeiten Dämme zu bauen, als darauf zu hoffen, dass die Flut Vernunft annimmt« (Erich Kästner).

Wir brauchen Leute, auf die man sich verlassen kann. Die sich nicht versprechen, wenn sie etwas versprechen. Propheten, die gegen den Strom der Zeit predigen. Leute mit Visionen, Perspektiven und Lebenszielen. Menschen, denen man vertrauen kann. Keine Angst- und Panikmacher, sondern Mutmacher. Keine Bedenkenträger, sondern Hoffnungsträger.

Wir brauchen Hoffnungsträger im wahrsten Wortsinn. Mir scheint die erschütterndste Diagnose unserer Zeit die abgrundtiefe Hoffnungslosigkeit zu sein. Vielen ist die Zukunft ein Rätsel geworden. Wahre Hoffnungsträger, also Menschen und Ideen, die sich als tragfähig, als lebens- und existenztragend erweisen, scheinen abhanden gekommen zu sein. Wir begegnen allenthalben einer erschreckenden Gleichgültigkeit, einer lähmenden Resignation.

Dabei wissen wir doch alle: Zum (Über-)Leben brauchen wir Hoffnung. Keine Hoffnung aus dem Reich der Utopien und Illusionen. Nur echte Hoffnung gibt Mut für morgen. Deshalb lassen Sie uns aus der fatalen Ich-AG eine neue Gesellschaftsform machen: eine GmbH, eine »Gesellschaft mit begründeter Hoffnung«. Nur so dienen wir unseren Kindern und Enkeln. Nur so eröffnen wir uns selbst die Zukunft.

Damit ist eigentlich alles gesagt, was unserem Leben und unserer Gesellschaft wieder eine feste Grundlage und damit den echten Spaß, die Freude am Leben und am Gestalten zurückgeben kann: »Die Zukunft gehört denen, die der nachfolgenden Generation Grund zur Hoffnung geben« (Pierre Teilhard de Chardin).

Ebenfalls im Verlag Johannis ist erschienen:

Gebundene Ausgabe
Bestell-Nr. 02332
ISBN 3-501-02332-4

(auch als bibliophile
Ausgabe: Leinenein-
band mit Goldschnitt
Bestell-Nr. 02333
ISBN 3-501-02333-2)

Peter Hahne
Worte für heute – für 366 Tage

Für jeden Tag des Jahres eine prägnant formulierte Aussage des bekannten Medienmannes und Autors Peter Hahne, dazu jeweils ein passendes Wort aus der Bibel – die tägliche »Vitaminspritze« für Seele und Geist.

Zahlreiche Farbfotos illustrieren diesen inspirierenden Jahresbegleiter (400 Seiten im handlichen Format 8 x 10,5 cm).